Terrasses en bois et caillebotis

Alan & Gill Bridgewater

Terrasses en bois et caillebotis

15 projets pour embellir votre jardin expliqués pas à pas

Sommaire

Introduction *6*

1re partie : Techniques *8* Concevoir et planifier *10* | Fournitures *12*

Outils *14* | Techniques de base *16* | Allées et terrasses *18*

Caillebotis *20* | Accessoires en bois *22*

2e partie : Projets *24*

Caillebotis traditionnel *26*

Marches en bois *30*

Engawa japonais *34*

Terrasse circulaire *38*

Sentier campagnard *42*

Pont japonais *46*

Jardinières *50*

Caillebotis en damier *54*

Estrade avec escalier *58*

Banc et balustrade *62*

Banc autour d'un arbre *66*

Chaise Adirondack *70*

Terrasse avec bac à sable *76*

Plateformes pour jardin en pente *82*

Ponton surélevé près de l'eau *88*

Introduction

Situé dans un village de bord de mer, la maison de mon frère en Cornouailles est un hymne au bois – le toit est recouvert de bois, les murs sont faits de planches de chêne, la porte d'entrée de bois récupéré dans un chantier naval et les escaliers sont en noyer. Mais le plus impressionnant de tout c'est que l'endroit est tout entier dédié au bois. Un petit pont suspendu va du portail au premier étage et une terrasse surélevée jouxte la maison. L'arrière de celle-ci donne sur la mer et des terrasses en bois mènent à la falaise en face de la plage, où une belle jetée en bois s'avance dans la mer. C'est de là qu'est née l'idée de ce livre...

Brève histoire

L'utilisation du bois pour construire des allées et des plateformes telles qu'elles existent aujourd'hui a son origine dans des pays comme la Tchécoslovaquie, l'Allemagne, la Pologne et la Norvège suivis par les États-Unis. Dans les villages et les sociétés pionnières où le bois était abondant, la meilleure façon de faire les chemins, les allées, les vérandas et les terrasses étaient de les construire en bois brut.

Une véranda à Rosedown, États-Unis, avec une balustrade en bois façonné, des volets et des rocking-chairs. Notez l'emploi de planches de différentes largeurs.

Soyez créatif

Le plus excitant dans une construction en bois c'est son côté immédiat. Il peut être nécessaire d'utiliser un peu de béton pour les pieds mais à part ça le caillebotis peut être simplement placé au-dessus d'un terrain tel qu'il est avec tous ses problèmes (un endroit en béton que vous n'avez pas eu le courage de supprimer, un affleurement rocheux qui ne peut pas être enlevé ou un sentier broussailleux). Si vous voulez arranger rapidement votre jardin, tirer parti d'une vue splendide ou simplement étendre votre espace de vie, ce livre est pour vous.

Bonne chance.

L'endroit idéal pour passer un long après-midi paresseux : un ponton en bois près de la piscine. Les planches rugueuses, en bois brut, et les poteaux rudimentaires s'accordent bien avec le site.

Santé et sécurité

Le travail du bois présente un certain nombre de risques, aussi avant de commencer à travailler sur les projets, respectez les recommandations suivantes :

- Assurez-vous que vous êtes assez fort et que vous pouvez effectuer la tâche qui vous attend. Si vous avez des doutes demandez conseil à votre médecin.
- Utilisez toujours un disjoncteur entre la prise de courant et les outils électriques. N'utilisez jamais un appareil électrique si la pelouse est humide.
- Utilisez si possible des outils à batterie plutôt qu'avec des fils, car ils sont plus sûrs pour ce genre de projets réalisés à l'extérieur.
- Lorsque vous soulevez des poids lourds, comme de gros poteaux et des lambourdes, diminuez les risques de mal de dos en pliant les genoux, en tenant les objets près du corps et en gardant la colonne vertébrale droite.
- Si les choses paraissent trop lourdes pour vous, demandez de l'aide. Ne risquez pas de vous blesser.
- Portez un masque et des lunettes de protection si vous utilisez un outil électrique ou si vous poncez du bois traité, il est imprégné d'un conservateur toxique.
- Ne vous servez pas d'une machine comme une perceuse électrique, ne tentez pas un levage ou une manœuvre difficiles si vous êtes très fatigué ou sous médicament.
- Ayez avec vous un kit de premier secours et un téléphone.
- Garder les enfants à bonne distance et ne les laissez jamais sans surveillance.

1e partie

Techniques

Concevoir et planifier

Construire en bois est très amusant mais il faut prendre le temps de concevoir et de planifier tous les détails du projet. Il est indispensable d'étudier le site, de demander l'avis des autres membres de la famille, de consulter les voisins – si la construction prévue risque de les affecter - de dessiner les plans et de faire la liste des matériaux avant de commander le bois. Ce chapitre vous explique tout ce que vous devez savoir.

Observer l'espace extérieur

Examiner votre jardin

Faîtes le tour du jardin et demandez-vous ce que vous attendez d'une surface en bois. Comment l'utiliserez-vous ? Pour prendre des bains de soleil ou profiter de l'ombre ? Pour faire des barbecues le soir ou pour que les enfants y jouent ? La voulez-vous rattachée à la maison ou isolée ? Examinez les niveaux du sol, notez la position du soleil à différents moments de la journée et la direction dominante des vents, observez la façon dont la famille se déplace dans le jardin. Pensez à différents endroits possibles.

Déterminer le style

Il faut tenir compte du style de votre maison et de sa disposition. Vous pouvez décider que la structure de bois prolonge le style de la maison, traditionnel ou moderne. Elle peut au contraire être une construction séparée dont le style contraste avec la décoration intérieure.

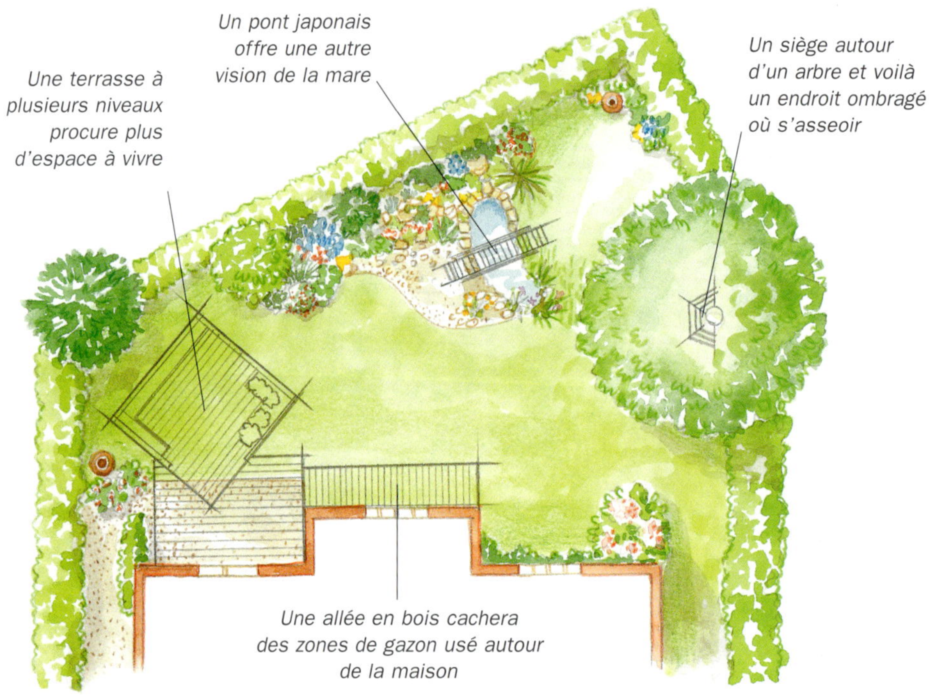

Quelle que soit la taille du jardin il y a de fortes chances pour qu'il y ait de la place pour une construction en bois – une terrasse ou un pont. Dessinez un plan de votre jardin et étudiez les différentes possibilités, faîtes plusieurs esquisses.

Concevoir

Forme, configuration et structure

Une fois que vous avez une idée claire de la future construction, de son emplacement et surtout de son style, dessinez-la en détail. Quelle forme voulez-vous lui donner ? Voulez-vous qu'elle soit surélevée avec des marches et des balustrades décoratives ? Les poteaux devront-ils être mis dans du béton pour être stables ? Tournera-t-elle autour de la maison comme un engawa japonais ? Sera-t-elle si complexe qu'il faudra beaucoup de vis et de boulons ? Va-t-elle incorporer des éléments existants comme des arbres ou des affleurements rocheux ?

Forme et fonction

Lorsqu'il s'agit d'une jardinière ou d'une petite terrasse la forme peut primer, mais pour d'autres projets les considérations de sécurité doivent l'emporter sur toutes les autres. Par exemple, pour une terrasse surélevée avec des marches et une balustrade ou une chaise qui supportera votre poids et devra se plier pour être rangée, la fonction est beaucoup plus importante que la forme. L'objet doit être solide et sûr structurellement avant que n'interviennent le modèle, la texture et la couleur

Types de bois

Utilisez toujours le meilleur bois possible surtout pour des projets complexes et qui prennent du temps. Si vous le pouvez choisissez des bois qui durent longtemps comme le red cedar ou le chêne. Si vous devez réduire les coûts, utilisez du pin traité en autoclave. Veillez à ce que le bois ne présente pas de fente, de torsion, de trou de nœud ou d'insectes, qu'il ne soit ni flache ni pourri.

Dessinez vos projets

Téléphonez à trois fournisseurs et demandez-leur les tailles et les prix. Si, par exemple, vous avez besoin de deux morceaux de bois de 1,25 m la solution la moins chère peut être une seule pièce de 3 m et de couper le bois vous-même, plutôt que deux de 1,25 m. Dans ce cas il y aura un peu de perte, peut-être faudrait-il agrandir le projet pour pouvoir utiliser deux longueurs de 1,50 m ?

Une fois vos décisions prises concernant la longueur et le coût, esquissez le dessin sur papier – vue en plan, de face et de côté et les détails. Notez les dimensions de l'ensemble, des différentes parties, le nombre de pièces de bois et tous les détails des assemblages et des fixations. Faîtes une liste des différentes parties – le nombre de longueurs de chaque type de bois et le nombre de vis et de fixations nécessaires.

Avant de vous lancer dans la commande de bois et la construction, allez dans le jardin avec du papier, des photos, prises dans des revues, et des échantillons de matériaux. Envisagez différentes options. Concevez le projet de telle façon qu'il réponde à tous vos besoins.

Planifier

Premières étapes

Une fois que vous avez commandé le bois, planifiez la logistique du projet, depuis le moment où le bois va arriver jusqu'au déroulement réel du travail. Sachez où vous allez ranger le bois et si vous allez devoir acheter d'autres outils ou aiguiser les vieux. Si vous avez besoin de béton voyez si vous devez louer une bétonneuse. Si vous prévoyez de travailler un dimanche, renseignez-vous pour savoir s'il y a une boutique proche où trouver des vis par exemple si vous êtes à cours. Est-ce faisable en un week-end ou serait-il préférable d'étendre le travail sur deux week-ends ? Devrez-vous attendre que le béton prenne ou pouvez-vous programmer les tâches de telle façon qu'il sèche en une nuit ?

Autorisation et sécurité

Vérifiez qu'il n'existe aucune restriction sur le type de structure que vous voulez construire. Selon votre région vous pouvez avoir besoin d'une autorisation avant d'ériger une « structure permanente », la définition de celle-ci pouvant varier. Certains services définissent les structures en bois comme permanentes si elles ont une dalle de fondation de béton ; d'autres se basent sur la hauteur au-dessus du sol et le nombre de marches.

Respectez les mesures de sécurité et portez des gants pour vous protéger contre les éclats de bois et l'abrasion, des lunettes pour vous protéger les yeux et des bottes pour éviter de vous couper les pieds. Portez un masque anti-poussière si vous poncez du bois traité.

À vérifier

- Y a-t-il des scieries dans votre région ? Ce sont les sources de matériau les moins chères.
- Pouvez économiser en modifiant le projet pour qu'il réponde à une taille ou un type de bois particulier ?
- Des fournisseurs locaux livrent-ils de petites quantités de bois ?
- Y a-t-il un accès dans votre jardin et suffisamment de place pour qu'un camion puisse tourner ?
- Cela pose-t-il un problème si le bois est déchargé dans votre chemin ou à votre porte ?
- Aurez-vous besoin d'aide pour porter le bois depuis le chemin jusqu'à son emplacement final ?

Matériaux

La seule façon d'être sûr d'avoir du bois de bonne qualité est d'aller le choisir vous-même chez le négociant, plutôt que de le commander sans le voir. Téléphonez d'abord pour connaître les meilleurs prix puis, muni de la liste détaillée de vos besoins – type de bois, quantité, longueurs et sections différentes – allez voir le bois disponible. Choisissez les planches vous-même, une par une. Ce qui suit va vous apprendre comment.

Utiliser du bois d'œuvre et d'autres fournitures

Largeur, épaisseur et longueur

Les négociants en bois vendent du bois brut et du bois raboté. Le bois brut est exactement de la taille déclarée, ainsi une pièce de bois brut de 60 mm de large est réellement de cette taille. En revanche une pièce de bois raboté de 60 mm de large mesure un peu moins. Le bois est vendu en sections standard, carrée, rectangulaire ou ronde et en différentes longueurs. En général il vaut mieux acheter de grandes longueurs et les couper.

Types de bois et textures

Certains négociants proposent des espèces de bois de très bonne qualité réputés imputrescibles, comme le séquoia, le cèdre rouge ou le chêne, ainsi que des bois exotiques comme le teck ou l'ipé. Le bois vendu le plus couramment, car meilleur marché, reste cependant le pin traité en autoclave avec un conservateur brun ou vert.

Nous préconisons le bois brut que nous ponçons rapidement pour supprimer les éclats et que nous protégeons et colorons avec des lasures ou avec un lait de chaux traditionnel.

Autres matériaux

Nous utilisons des bâches de plastique tissé, du gravier et des galets, du sable et du ciment et toutes sortes de vis, de clous et de boulons. Les graviers et les galets sont décoratifs ou servent de blocaille, le sable et les graviers servent à faire le béton. Pour les clous, les vis et les boulons optez pour les types chromés ou galvanisés. Nous préférons en général utiliser des vis plutôt que des clous car elles tiennent mieux. Les boulons sont nécessaires pour un assemblage très fort - des lambourdes à des poteaux par exemple - ou pour une ossature.

Acheter le bois

Si vous pouvez avoir un camion-plateau pour aller au chantier vous pourrez emporter le bois plutôt que d'attendre qu'il vous soit livré. Prenez un mètre ruban et triez chaque planche, baguette et poteau noté sur votre liste. Ne vous laissez pas intimider. Rejetez tout bois fendu, tordu ou qui n'est pas parfait.

Prudence
Bois traité en autoclave
Portez des gants pour manipuler du bois nouvellement traité, évitez le contact avec la sciure. Lavez-vous les mains avant de manger ou de boire.

*Ci-contre : sélection de fournitures nécessaires à la réalisation des projets de ce livre. **1** Graviers, **2** Bâche plastique, **3** Tasseau, **4** Bois traité, **5** Bois traité en autoclave, **6** Bois rainuré, **7** Planche large, **8** Vis standard, **9** Vis à bois, **10** Bois non traité, **11** Boule de rampe, **12** Clous standard, **13** Boulons à bois, **14** Lambourde, **15** Poteau, **16** Poteau à section ronde (rondin), **17** Copeaux de bois.*

Béton et autres matériaux pour fixer les poteaux

La plupart des structures en bois ont besoin de fondation

- Petite surfaces basse : les poteaux sont placés dans des trous sur 10 cm de graviers, puis comblés de graviers.
- Structure sur un sol solide : posez des plots de béton sur le sol, mettez les poteaux directement en place.
- Sols humides et compacts : creusez les trous, posez les poteaux sur 10 cm de graviers, remplissez de béton un peu sec.
- Sol sableux : coffrez avec du contre-plaqué, posez les poteaux sur 10 cm de graviers, remplissez de béton compact.
- Sol sablonneux et structure au-dessus du niveau du sol : creusez des trous, placez-y un moule de telle sorte que le sommet soit au niveau voulu, mettez 100 mm de graviers dans le moule, remplissez de béton et introduisez les poteaux dans le béton humide.

Prudence
Le ciment et la chaux sont tous deux corrosifs. Portez toujours un masque, des gants et des lunettes de protection. Si vous avez de la poudre sur la peau, surtout si la peau est humide, lavez-la immédiatement à grande eau.

1
2
3
4
5
6
7
8
9
10
11
12
13
14
15
16
17

Outils

Les outils sont une des clés essentielles de la réussite du travail du bois. Quelques outils bien choisis, d'un prix moyen, feront de toutes les tâches à accomplir un plaisir. Évitez de dépenser sans compter et commencez par vous servir des outils que vous avez déjà sous la main. Achetez de nouveaux outils quand vous en avez vraiment besoin. Voici une liste de ceux qui, dans un monde idéal, devraient faire partie de votre panoplie.

Des outils utiles pour travailler le bois

Des outils pour préparer le site

Vous avez besoin d'un grand mètre ruban en fibre de verre pour mesurer le lieu, de chevilles en bois et d'une ficelle pour délimiter la construction et d'une massette pour enfoncer les chevilles; d'une bêche pour ôter le gazon et creuser des trous, d'un seau, d'une brouette, d'une pelle et d'un râteau pour déplacer de la terre. Choisissez des outils en fonction de votre force et de votre taille – vous pouvez acheter plusieurs tailles de bêche et de masse. Un niveau à bulles est nécessaire pour vérifier les niveaux.

Mesurer et tracer

On utilise un petit mètre ruban pour mesurer les longueurs et les largeurs, une équerre pour dessiner et vérifier les angles droits et un compas pour dessiner des courbes à base de cercles.

Plusieurs bons crayons de menuisier sont indispensables – ils durent plus longtemps que des crayons ordinaires et ne roulent pas de l'établi. Si votre construction a des angles supérieurs ou inférieurs à 90° vous avez aussi besoin ou d'une fausse équerre ou d'un rapporteur.

Scier du bois

Deux scies à main sont toujours utiles: une scie égoïne pour couper le bois contre le fil et une scie électrique pour couper une planche sur la longueur.

Pour les courbes nous utilisons une scie sauteuse électrique et parfois une scie à fil à main, pour découper des courbes serrées et de petits détails. Si vous aimez particulièrement les outils électriques procurez-vous une petite scie à onglets, très pratique pour exécuter de nombreuses coupes identiques.

Percer et visser

Pour percer des trous profonds et larges nous utilisons une perceuse électrique et une perceuse-visseuse sans fil, avec embout cruciforme, pour serrer les vis. Par temps humide ou si nous sommes trop paresseux pour dérouler le câble de la perceuse électrique, la perceuse sans fil nous sert pour faire les trous et serrer les vis. Si celle-ci n'a plus de batterie, nous pouvons aussi utiliser la perceuse électrique pour enfoncer les vis. Si vous envisagez de construire plusieurs ouvrages en bois, investissez dans deux perceuses sans fil, vous pourrez ainsi en avoir toujours une rechargée.

Clouer

Vous aurez besoin d'un foret pour percer des avant-trous et ensuite d'un marteau-arrache clous pour taper sur les clous. Si la pièce travaillée a besoin d'être soutenue, pour ne pas remuer ou rebondir, posez à l'arrière une masse ou une massette. Nous avons en général deux ou trois massettes sur place, pour en avoir toujours une à portée de main - sur le sol, sur l'ouvrage, quelque part sur la pile de bois ou sur l'établi.

Tenir et sécuriser

L'idéal est d'avoir deux établis, pour pouvoir couper de grandes longueurs de bois sans demander de l'aide. Nous avons deux établis très bon marché et nous ne nous posons pas de problèmes si nous les maltraitons. Pour réduire les coûts vous pouvez même travailler sur deux caisses. Si vous devez faire la plupart du travail tout seul vous aurez aussi besoin d'une paire de grands serre-joints pour tenir la pièce en place pendant que vous percez les trous et vissez. Il est important d'avoir le dos droit quand vous travaillez pour éviter un tour de rein.

Louer des outils

Si vous souhaitez réaliser un projet précis et que vous n'envisagez pas le travail du bois et la fabrication comme un futur hobby, il est préférable de louer les outils les plus grands et les plus chers. Si vous avez besoin d'une grosse ponceuse ou d'une bétonneuse il est plus raisonnable d'emprunter ces équipements.

Prudence
Outils électriques

Électricité, rosée du matin, seaux d'eau et mains humides sont des combinaisons potentiellement dangereuses. Si vous décidez d'utiliser une perceuse électrique, plutôt qu'une perceuse portable, ou une bétonneuse électrique assurez-vous d'avoir un disjoncteur.

Outillage de base

Pour réaliser les projets de ce livre, vous aurez besoin des outils présentés ci-dessous. On les trouve dans les magasins de bricolage. Les équipements plus grands peuvent être loués dans des magasins de location spécialisés.

Parmi les outils non représentés ici, un établi portable, une brouette et un seau (ces deux derniers pour faire du béton, ce qui peut être nécessaire pour fixer dans le sol des poteaux qui supporteront les surfaces de bois).

Techniques de base

Une fois que vous avez bien compris les techniques de base et que vous pouvez manier les outils en toute confiance, construire un ouvrage en bois est une expérience réjouissante. Le secret est de travailler à un rythme régulier, confortable, sans précipiter les choses. Assurez-vous que vous avez bien évalué l'emplacement, pour que ce soit réalisable, mesurez avec grand soin et vérifiez toujours deux fois avant de couper.

Délimiter

Place des poteaux

Une fois l'emplacement décidé, déterminez la position des niveaux de l'ouvrage et la place des trous pour les poteaux. Fixez un poteau de référence à sa place et à la bonne hauteur puis avec les chevilles, la corde et la méthode de la diagonale croisée reliez tous les autres poteaux et tous les niveaux à ce point. Habituellement nous plaçons le poteau de référence au point haut du site. La méthode de la diagonale croisée consiste à mesurer chaque diagonale d'un rectangle donné (un site délimité ou une surface de bois) et à s'assurer qu'elles sont égales. Ajustez jusqu'à ce qu'elles le soient.

Étant donné la taille des projets, il est souvent difficile de voir à vue d'œil si les angles d'une structure rectangulaire sont bien de 90°. Vous avez besoin d'un mètre ruban pour vérifier la longueur, la largeur et les diagonales.

Premières tâches

Préparer le site

Une fois que vous avez déterminé précisément la place des poteaux vous devez décider de ce que vous allez faire de la végétation qui pousse à cet endroit et qui sera recouverte par l'ouvrage en bois.

Il n'y a pas de problèmes si celui-ci est assez haut pour marcher dessous mais s'il est bas retirez le gazon, nivelez grossièrement le sol et étendez une bâche de plastique tissé, puis couvrez le plastique de graviers. Non seulement ce système élimine les mauvaises herbes mais il permet à l'eau de pluie de s'écouler facilement. Si l'ouvrage doit être pratiquement sur le sol vous n'avez qu'à niveler les bosses, étendre une feuille de plastique tissé, puis le poser simplement sur de courts poteaux ou des plaques de béton, pour que les lambourdes ne soient pas en contact avec la terre.

Placer les poteaux dans le sol

Creusez un trou jusqu'à trouver le sol ferme ou à la profondeur requise par la réglementation locale. Il doit être deux fois gros comme le poteau. Versez-y environ 10 cm de graviers et placez le poteau. Coulez du béton autour du poteau en remplissant le trou jusqu'au sol. Damez le béton avec une planche pour faire sortir les bulles d'air, vérifiez la rectitude du poteau avec le niveau à bulles et fixez-le avec des liteaux provisoires.

L'ossature (lambourdes et poteaux principaux) doit être d'équerre, horizontale et sûre. Le béton est utilisé pour fixer les poteaux dans le sol et les stabiliser.

Découpe

Utilisez un établi portable, bon marché, pour soutenir la pièce de bois et un serre-joint pour la maintenir fermement.

Couper contre le fil

On peut utiliser une scie électrique pour couper contre le fil, mais si vous êtes un débutant il vaut mieux une scie égoïne neuve. Tracez la ligne de coupe avec l'équerre et le crayon et posez la pièce de bois sur l'établi. Placez la scie du côté extérieur, tirez la lame vers vous pour commencer la coupe et continuez à scier. Quand la scie a coupé plus du tiers du bois saisissez la partie qui va tomber et terminez la coupe. Une scie à onglet est très utile si vous devez répéter de nombreuses coupes à onglet, pour poser les planches à un angle de l'ossature par exemple.

Découper des courbes

Une scie sauteuse électrique est très pratique pour découper des courbes dans un bois de 50 mm d'épaisseur. Posez la lame sur le trait, mettez en marche et avancez en poussant vers l'extérieur de la ligne de coupe. Pour éviter de dangereux retours en arrière éteignez toujours l'électricité avant de retirer l'outil.

Assemblages

Assembler avec des vis

Il y a différentes attaches, agrafes et pattes de fixation sur le marché mais ce ne sont pas les solutions les plus solides, les plus attrayantes ni même les plus rapides. Beaucoup de débutants trouvent ces fixations à la fois chères et compliquées. C'est pourquoi nous avons opté pour des assemblages traditionnels soit avec des vis à tête cruciforme soit avec des boulons à bois. Nous utilisons parfois des clous mais les vis tiennent mieux et peuvent être mises et retirées sans abîmer le bois. Il faut d'abord percer un avant-trou, mettre la vis en place et l'enfoncer avec une perceuse-visseuse sans fil, à embout cruciforme. Si vous travaillez avec quelqu'un, l'un de vous préparant les trous et l'autre vissant, c'est aussi rapide que de clouer.

Sur de grands projets, laissez toujours un certain espace entre les planches : c'est ce qui donne le meilleur effet visuel

Assembler avec des boulons

Lorsqu'un assemblage très solide est nécessaire, comme pour fixer des lambourdes maîtresses à des poteaux principaux, il vaut mieux utiliser un boulon, un boulon avec une rondelle à chaque bout ou un boulon à bois avec une tête bombée et une base carrée entre la tête et la tige. Nous préférons ceux-ci parce que la tête ronde est plus jolie mais aussi parce qu'on peut les fixer avec une simple clé.

Avec les boulons à bois utilisez toujours des rondelles et une clé à pipe ou une clé anglaise pour le serrage.

Peaufiner

Finitions

Votre ouvrage va être attaqué par le soleil, la pluie et les insectes ; le bois doit donc être protégé. Jadis on le passait au lait de chaux ou au goudron. Il existe aujourd'hui de nombreux produits sur le marché, depuis les huiles et les résines jusqu'aux conservateurs et aux vernis. Nous travaillons en général avec du bois traité en autoclave et finissons par un badigeon coloré que nous obtenons en délayant dans de l'eau de la chaux ou de la peinture pour maçonnerie extérieure. La surface paraît patinée et se fond immédiatement dans le jardin.

Allées et terrasses

D'un aspect agréable les allées et les terrasses en lames de bois offrent en outre une surface sèche et plane où se déplacer sûrement et confortablement. Elles attirent l'attention – lorsque vous voyez un engawa japonais courir et disparaître au coin de la maison ou une terrasse en lames de bois, vous avez envie de voir ça de plus près. Pour donner à votre jardin un nouvel attrait, pratique et séduisant, optez pour le bois.

Construire des allées

Dessiner et planifier

Promenez-vous dans votre jardin et décidez précisément où vous voulez votre allée. Notez les niveaux du terrain, car il faudra les ajuster, et réfléchissez à la façon dont l'allée va jouer sur votre utilisation du jardin.

Déterminez les détails du projet – hauteur au-dessus du sol et position des principales lambourdes – et indiquez le tracé avec des chevilles et de la ficelle en vous aidant d'un mètre ruban.

Construire

Arrachez les grandes plantes, nivelez le sol, enlevez les racines et les grosses pierres. Étendez une couche de plastique tissé anti mauvaises herbes et recouvrez d'une généreuse couche de graviers. Plus le lieu est humide plus la couche de graviers doit être épaisse pour assurer la stabilité. Placez les lambourdes et vissez les lames de bois en place.

Une simple allée prolongée en pont complète les plantations peu abondantes de ce jardin. Les lames de bois sont posées sur une base de béton et bordées de petits rondins.
Les supports en béton des planches du pont sont cachés par des murs d'ardoises empilées.

INSPIRATION

Légèrement incurvée, bordée de galet, une allée de bois longe joliment un bassin.

Des lames de bois se prêtent à des tracés géométriques.

Une allée et des pas dans l'eau, en bois traité, sont des éléments attractifs.

Construire une terrasse

Dessiner et planifier

Pensez à quoi ressemble votre jardin au fil des saisons et, à la lumière de vos observations sur le soleil, l'ombre, la vue des voisins et ainsi de suite, déterminez la place idéale d'une terrasse. Délimitez l'emplacement avec un mètre ruban, des chevilles et une ficelle.

Construire

Si votre jardin est raisonnablement sec et horizontal et que vouliez que la terrasse soit proche du sol vous pouvez utiliser les mêmes techniques que pour les allées et poser la terrasse sur un lit de plastique et de graviers. Les allées sont faites de deux voies rectilignes ou courbes sur lesquelles des planches de bois sont jetées mais une terrasse vous donne l'occasion de construire une structure d'une forme particulière. Une fois le plastique et les graviers en place, tracez le contour et divisez la surface en plusieurs parties par des lambourdes distantes de 300 à 450 mm, d'axe à axe. Le maillage de lambourdes doit être suffisant pour que l'extrémité des lames repose sur de nombreux points d'appui.

Notez le mélange de lames droites et de segments triangulaires. Posés sur du gravier ils sont au même niveau que la pelouse pour faciliter les déplacements.

Cette grande terrasse, au niveau du sol, va parfaitement bien avec cette maison de campagne. Les propriétaires souhaitaient un vaste espace pour les barbecues et les réunions familiales et voulaient que la terrasse intègre l'arbre qui offrait un peu d'ombre. La clé de ce type de terrasse est une base solide (une structure basse).

Les dalles de bois sont très adaptées à un petit espace ou à un jardin en terrasse.

Plus facile à construire qu'une terrasse circulaire une terrasse octogonale attire l'attention.

Les chemins en terre battue sont des lieux idéals pour construire des allées en bois.

Caillebotis

La vie de la famille, à l'extérieur de la maison, peut retrouver un nouvel élan grâce à un caillebotis qui permet de nombreuses activités. L'espace peut être transformé par une surface de bois au-dessus du jardin, un engawa japonais raffiné, courant autour de la maison, ou même une île en caillebotis. C'est aussi une façon astucieuse d'intégrer vraiment à la vie du jardin un endroit mal exploité, une berge par exemple.

Construire un engawa

Dessiner et planifier

Dans un jardin japonais traditionnel un engawa est une bande de lames de bois, peu élevée, qui entoure la maison, la reliant au jardin. Si vous en aimez l'idée, faîtes le tour de votre maison et observez les différents niveaux du terrain. Le passage est-il libre ou l'engawa devra-t-il enjamber des obstacles inamovibles comme des canalisations ? Si le caillebotis doit passer au-dessus de canalisations pensez à ménager un accès aux trappes d'entretien. S'il y a des allées, des marches et des arbres vous devrez décider soit de les laisser en place et de faire courir l'engawa au-dessus ou autour d'eux soit de les supprimer. Délimitez le tracé de l'engawa avec un mètre ruban, des chevilles et une ficelle.

Construire

Marquez l'emplacement des pieds, à 2 m au maximum, creusez les trous et bétonnez de courts poteaux. Recouvrez la surface de plastique puis de graviers. Reliez les poteaux avec des poutres et assemblez les poutres aux lambourdes. Recouvrez avec les lames de bois.

Une maison de thé japonaise avec un engawa dans le sud de la Californie. Le caillebotis est minimal et pratique, en accord avec la maison.

INSPIRATION

Terrasse à plusieurs niveaux avec un banc à dossier et des espaces de rangement.

Caillebotis bas, idéal pour une terrasse au bord d'une mare. Un arbre donne de l'ombre.

Terrasse surélevée avec des marches et une rambarde. Le treillis cache le jardin voisin.

Une île toute simple en lames de bois avec un banc intégré. Le bois a été passé au lait de chaux pour créer un effet de patine naturel, qui change agréablement des finitions courantes brun rouge.

Une île en caillebotis

Une île en caillebotis permet de profiter d'une belle vue, du coucher du soleil ou de l'ombre l'après-midi. Positionnez les pieds avec un mètre ruban, des chevilles et une ficelle. Creusez des trous et placez les poteaux dans le béton. Vissez les poutres sur les poteaux, faîtes les ajustements nécessaires pour corriger les niveaux, fixez les poutres avec des boulons. Dégauchissez le sommet des poteaux, posez les lambourdes sur les poutres et recouvrez avec les lames de bois.

Une terrasse surélevée avec des marches

Une terrasse en bois surélevée, avec des marches, convient parfaitement lorsqu'on a une maison construite au-dessus du sol et que l'on souhaite une terrasse proche de la maison mais indépendante.
Utilisez un mètre ruban, des chevilles et une ficelle pour marquer l'emplacement des pieds et pour tracer le plan général. Bétonnez les poteaux dans le sol. Le secret pour une telle construction est de boulonner une poutre de repérage, le plus près possible de la maison, qui servira pour tous les autres niveaux.

Terrasse surélevée : les propriétaires avaient des problèmes de différence de niveaux dans leur jardin, la solution idéale consista à recouvrir de caillebotis toute la surface.

Une véranda avec des marches et une rambarde crée un espace où marcher et s'asseoir.

Une entrée avec une balustrade. Le treillis sert à cacher le vide en dessous.

Une terrasse en bois traditionnelle donnant sur la mer est un parfait espace de détente.

Accessoires en bois

Une fois la terrasse faite des accessoires comme des balustrades, des marches et des bancs sont l'occasion d'exprimer votre sens artistique. Si vous aimez les écrans japonais en treillis, le bois ajouré des chalets suisses, l'innovation ou la tradition c'est le moment de personnaliser votre projet. Vous trouverez des sources d'inspiration dans les sections Décoration intérieure et Architecture des librairies ou des bibliothèques.

Construire des marches

Terrasse à plusieurs niveaux avec un banc, en Louisiane. Lorsque le terrain est en pente les marches sont obligatoires et peuvent être l'élément le plus difficile de la réalisation. Des marches larges sont plus pratiques que des marches trop étroites.

Dessiner et planifier

Observez le site et, avec un mètre ruban, une baguette et un crayon, déterminez la surface que la volée de marches devra couvrir et la hauteur d'un niveau à un autre. Déterminez la hauteur des contremarches (entre 100 et 180 mm), divisez la hauteur totale par ce nombre et retirez un pour avoir le nombre de contremarches. Divisez la longueur horizontale sur le sol par le nombre de contremarches pour obtenir la profondeur des girons.

Construire

Pour les côtés des marches vous avez le choix entre des limons en zigzag ou des planches pleines. Commencez par mesurer et par couper les deux limons de façon qu'ils soient parallèles, les pieds sur le sol et la tête fermement fixée au rebord de la terrasse. Une fois les deux limons en place le reste est facile. Une marche seule n'a pas besoin de limons.

INSPIRATION

Ce délicieux pont tout simple tire son inspiration des jardins japonais.

Bancs incorporés à la balustrade et aux jardinières, sur un plan symétrique.

Deux bacs réunis par des planches forment un banc simple. On peut ajouter un dossier.

Balustrades

Renseignez-vous sur la hauteur des balustrades et autres critères de sécurité. Premier souci : que les enfants ne puissent pas avoir la tête prise entre les barreaux ou glisser entre la terrasse et la traverse basse. Réfléchissez à vos besoins. La balustrade devra-t-elle être particulièrement sûre parce que la terrasse est très en hauteur ou sera-t-elle davantage un écran pour préserver l'intimité ou s'abriter du vent ? On commence par boulonner les principaux poteaux à leur place, puis on fixe la lisse à leur sommet et on ajuste les barreaux ou le treillis de la balustrade. Les balustrades vous permettent de créer des détails décoratifs.

Hautes balustrades avec écran de treillis. Les propriétaires voulaient sécuriser la terrasse élevée pour leurs enfants et les animaux domestiques.

Un superbe banc rend ce ponton, surmonté d'un toit magnifique, plus séduisant encore. Imaginez-vous assis dans ce décor, après une rude journée de travail.

Bancs

Observez les sièges dans votre maison pour décider de la hauteur et de la profondeur d'un banc (les sièges sont en général à 400 mm du sol). Un banc peut être fixé comme une partie de la rambarde autour de la terrasse ou bien il peut être libre, ce qui vous permet de le déplacer. Si la rambarde lui sert aussi de dossier souvenez-vous que les enfants peuvent grimper sur le banc, la rambarde devra donc être plus haute. Une fois que vous avez défini la hauteur du siège, la hauteur et l'inclinaison du dossier, la construction même est très facile.

Un banc autour d'un arbre est un endroit délicieux où s'asseoir à l'abri du soleil.

Comment mieux profiter de sa terrase que sur une chaise longue faite maison ?

Une chaise Adirondack traditionnelle est juste ce qu'il faut pour une véranda.

2e partie

Projets

Caillebotis traditionnel

Il y a quelque chose de très spécial dans un caillebotis traditionnel – spectaculaire dans sa simplicité même il est très agréable au pied. Le fait de marcher sur les planches produit un son caractéristique qui fait penser à une jetée du bord de mer. Ce projet présente le caillebotis le plus simple qui soit – un chemin droit – mais vous pouvez en imaginer un avec des tournants, une courbe ou des changements de niveau.

★ Facile

Temps utile
Un week-end
Un jour pour mettre en place les lambourdes, un jour pour fixer les planches

Étude du projet

Le caillebotis traditionnel est très simple à construire – juste deux rangées de poteaux enfoncés directement dans le sol, avec des poutres posées à recouvrement pour former deux rails parallèles, surmontées de planches de bois brut et patinées. Les sommets des poteaux de section de 100 mm sortent de 15 cm du sol pour permettre au caillebotis d'absorber les dénivellations. Ce chemin est rapide et facile à réaliser et s'adapte à de nombreuses situations, au-dessus d'une pelouse ou à travers une zone de taillis.

Réalisation

Étudiez le site et décidez de l'orientation du caillebotis. Observez le sol et aidez-vous du niveau à bulles pour déterminer la hauteur du caillebotis au-dessus du sol, si votre terrain vous oblige à modifier celle prévue par le projet (17 cm au-dessus du sol).

Mesurez la longueur du caillebotis pour calculer la quantité de bois nécessaire. Nous donnons ici les quantités pour un caillebotis de 2 m de longueur. Commandez le bois, lorsqu'il vous sera livré rangez le plus près possible du « chantier ». Sortez vos établis et vos outils, vous voilà prêts à commencer.

Dimensions hors tout et remarques générales

Un caillebotis traditionnel s'intègre bien dans tous les jardins. On peut le peindre ou lui laisser sa couleur naturelle

Il vous faut

Outils

- Deux établis portables
- Crayon, règle, mètre ruban et équerre
- Scie égoïne
- Maillet en bois
- Petite hache à main
- Chevilles et ficelle
- Bêche
- Masse
- Niveau à bulles
- Perceuse-visseuse sans fil avec un embout cruciforme
- Forets de la taille des vis
- 2 chutes de 5 mm d'épaisseur pour vérifier les écartements (bois scié ou contreplaqué)

Fournitures

(Les dimensions de toutes les pièces de bois brut sont données découpe comprise. Tout le bois est traité en autoclave)

Pour un caillebotis de 2 m de long et d'1 m de large environ.

- Pin brut: 1 poteau de 3 m de long, de section 100 x 100 mm (poteaux)
- Pin brut: 2 chevrons de 2 m de long, par 90 x 40 mm (lambourdes)
- Pin brut: 10 lames de 2 m de long, par 100 x 20 mm (planches)
- Vis zinguées, à tête fraisée et cruciforme : 10 de 6 x 90 mm

Vue éclatée du caillebotis traditionnel

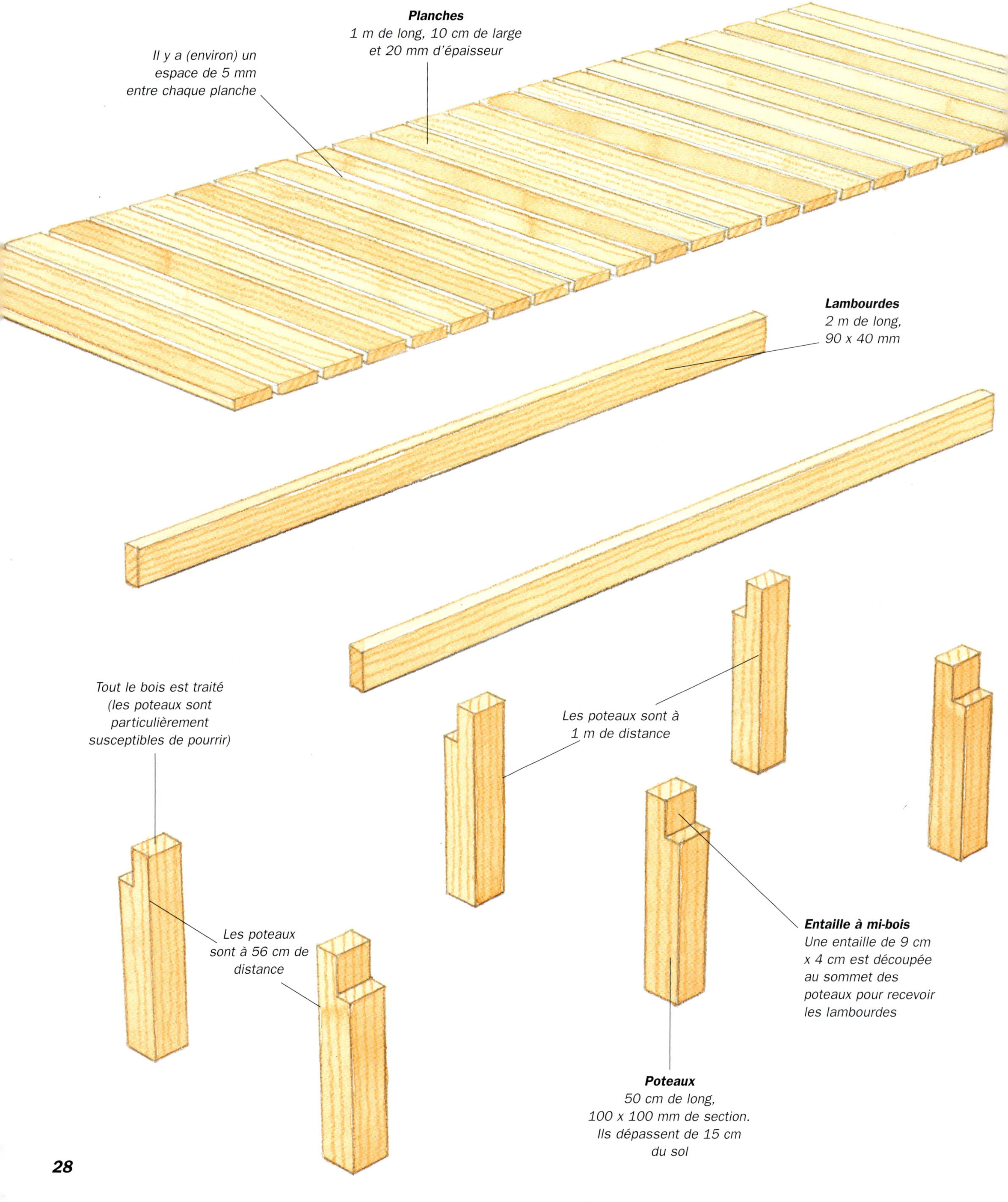

Réalisation d'un caillebotis traditionnel

1 Couper les poteaux
Sciez les poteaux en morceaux de 50 cm, utilisez la règle et l'équerre pour faire les entailles de 90 x 40 mm. Sciez l'entaille perpendiculairement au fil et faîtes sauter la partie à enlever avec le maillet et la hache.

2 Placer les poteaux
Utilisez le mètre ruban, les chevilles, la ficelle, la bêche et la masse pour mettre les poteaux dans le sol, à 56 cm de distance, d'axe à axe, dans la largeur et à 1 m de distance sur la longueur du caillebotis. Ils dépassent tous de 15 cm du sol.

3 Fixer les lambourdes
Placez les lambourdes qui supporteront le caillebotis. Posez-les dans les entailles des poteaux et fixez-les avec des vis de 90 mm. En fixant les poutres bout à bout, comme ci-dessus, veillez à ce qu'elles se rejoignent au milieu du poteau.

4 Poser les planches
Coupez les planches de 10 cm de largeur en longueurs de 1 m et vissez-les à travers les poutres. Centrez les planches sur les poutres et utilisez les chutes de 5 mm d'épaisseur pour les espacer.

Marches en bois

★
Facile

Temps utile
Une journée
Deux heures pour planifier et mesurer et le reste du temps pour le travail du bois.

On construit trop souvent les marches sans tenir compte des gens qui les utilisent, elles sont parfois difficiles à négocier pour quelqu'un muni d'une cane, d'un caddie ou d'une poussette. Si vous souhaitez une grande et belle entrée, pratique, les marches en bois sont une solution parfaite. Le grand avantage de ce projet vient de ce qu'il peut être construit sur des marches existantes et exactement à la taille souhaitée.

Étude du projet

Les marches en bois s'ajustent sur vos marches existantes et bien que changeant à peine la hauteur des contremarches elles augmentent considérablement la surface disponible. Vous devrez sûrement modifier le projet pour l'adapter à votre escalier mais nous l'avons conçu de telle façon qu'on peut le changer facilement. Voyons ce qui est tentant dans ce projet. Vous avez peut-être un parent âgé, pas très assuré sur ses pieds et qui aimerait se poser sur une marche bien large avant d'en aborder une autre. Vous pouvez aussi simplement vouloir transformer vos marches pour les rendre plus généreuses et accueillantes ou donner une place à des plantes en pot près de la porte.

Réalisation

Étudiez le projet puis mesurez soigneusement les marches existantes et voyez comment adapter le projet à celles-ci. Cet escalier possède deux marches mais vous pouvez en faire un avec une ou trois marches. Vérifiez si vous devez changer les tailles des pièces de bois ou peut-être les dimensions générales.

Dimensions hors-tout et remarques générales

Ce projet est une bonne solution pour améliorer un seuil déjà existant que vous trouvez trop étroit ou peu plaisant. Les marches en bois sont construites sur les marches existantes.

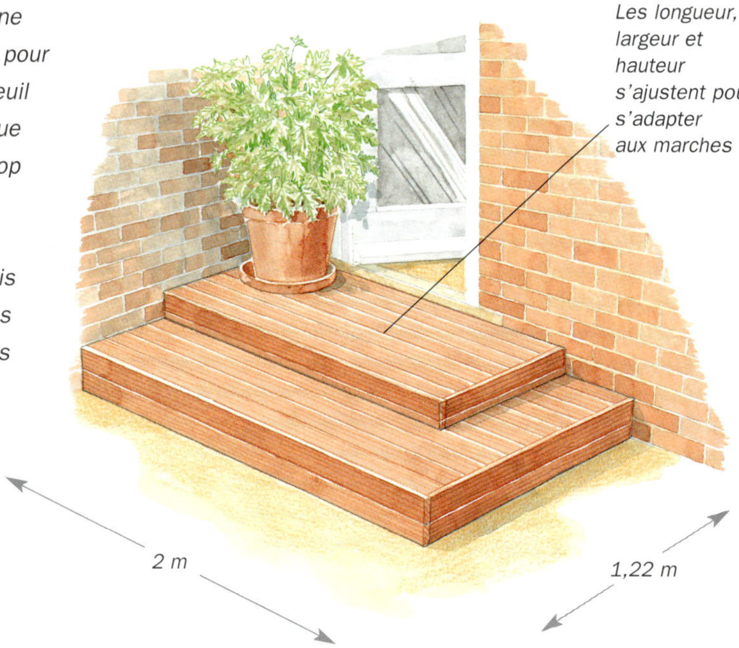

Il vous faut

Outils

- Deux établis portables
- Crayon, règle, mètre ruban, trusquin, et équerre
- Scie égoïne
- Perceuse-visseuse électrique sans fil avec embout cruciforme
- Forets à la taille des vis
- Niveau à bulles
- Ponceuse électrique

Fournitures

(Les dimensions de toutes les pièces de bois brut sont données découpe comprise. Tout le bois est traité en autoclave)

Pour des marches de 2 m de large et de 1,22 m de profondeur

- Pin brut : 8 chevrons de 2 m de long, par 85 mm x 35 mm (lambourdes)
- Pin brut : 2 poteaux de 2 m de long, de section 75 x 75 mm (principaux supports verticaux)
- Pin brut : 20 lames de 2 m de long, par 100 x 20 mm (lames et limons)
- Vis zinguées à tête fraisée et cruciforme : 100 de 5 x 75 mm, 200 de 4 x 50 mm

Vue éclatée des marches en bois

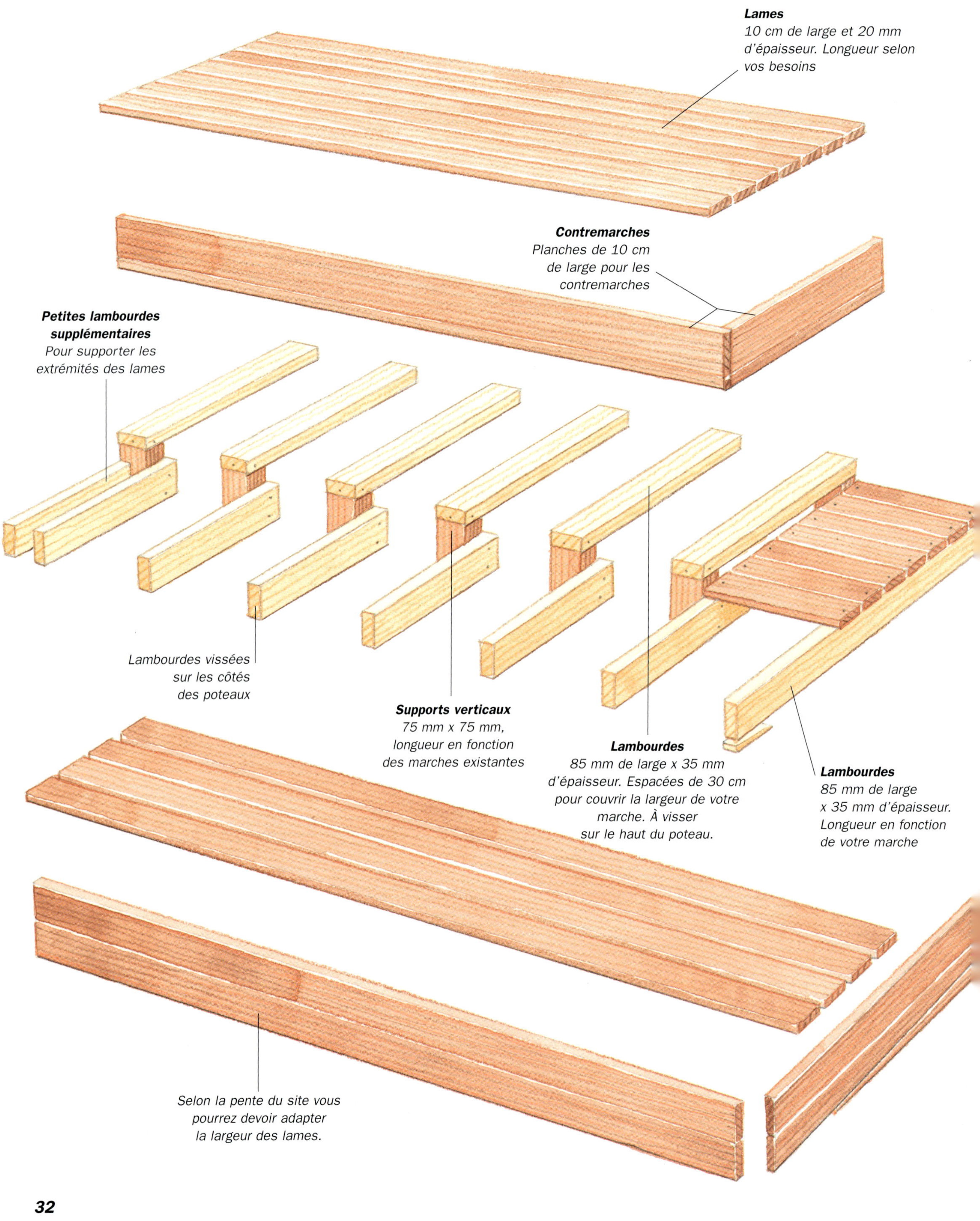

Construction des marches en bois

1 Fixer les lambourdes

Mesurez les marches existantes depuis le nez jusqu'au fond et coupez les lambourdes selon la longueur. Placez les lambourdes à 30 cm de distance (pour recouvrir entièrement vos marches) et maintenez-les en place avec deux longueurs de planches. Utilisez des vis de 50 mm.

2 Mettre le cadre en place

Placez le cadre en lambourdes sur les marches et maintenez-le à niveau avec des morceaux de bois ou ce que vous avez sous la main. Vérifier tous les niveaux avec un niveau à bulles.

3 Fixer les supports verticaux

Coupez les supports verticaux principaux dans les poteaux de 75 mm de section. Fixez-les sous les extrémités des lambourdes avec des vis de 75 mm, chaque lambourde ayant son propre support.

4 Construire la première marche

Reprenez le processus déjà décrit pour construire le cadre de la première marche. Posez la marche au bon niveau et coupez chaque support vertical selon le niveau du terrain.

5 Ajuster les planches de bois

Lorsque les deux marches sont en place, revêtez-les des lames de bois, en utilisant des vis de 50 mm. Lorsque vous ajusterez les contremarches sur la première marche vous devrez sûrement régler la largeur de la lame sur sa longueur, en la taillant pour suivre la pente du sol. Enfin, poncez les marches.

Engawa japonais

Dans un jardin traditionnel japonais, un engawa est une bande de bois assez basse qui fait le tour de la maison, il la relie au jardin tout en brouillant les frontières entre les deux. L'engawa se compose de trois parties: une allée qui court le long de la maison, un espace surélevé au coin de la maison et un escalier qui mène de ce coin surélevé au jardin.

★
Facile

Temps utile
Un week-end
Un jour pour l'ossature, un jour pour fixer les planches et faire l'escalier

Étude du projet

En combinant différemment ces trois unités de base vous pouvez concevoir un schéma adapté à ce que vous souhaitez.

Réalisation

Calculez le nombre d'unités de base dont vous avez besoin. Voyez les détails de l'escalier dans le projet de la page 58. Mesurez la longueur de votre allée et divisez-la en modules de 2,4 m pour lesquels nous donnons les quantités.

Dimensions hors tout et remarques générales

Vous pouvez adapter l'engawa à votre situation, en combinant les allées rectilignes et les coins surélevés.

Il vous faut

Outils

- Crayon, règle, mètre ruban, et équerre
- Chevilles et ficelles
- Deux établis portables
- Scie égoïne
- Perceuse-visseuse électrique sans fil avec embout cruciforme
- Forets à la taille des vis
- Couteau d'artisan
- Agrafeuse
- Bêche et pelle
- Brouette ou seau
- Niveau à bulles
- Ponceuse électrique
- Pinceau-brosse

Fournitures

(Les dimensions de toutes les pièces de bois brut sont données découpe comprise. Tout le bois est traité en autoclave)

Pour chaque longueur de 2,40 m:

- Pin brut : 3 chevrons de 3 m de long, par 90 x 40 mm (lambourdes)
- Pin brut : 1 poteau de 3 m de long, par 75 x 75 mm (poteaux)
- Pin brut: 8 lames de 3 m de long, par 90 x 20 mm (lames)

Pour chaque unité coin 2 m x 1,50 m

- Pin brut : 4 chevrons de 2 m de long, par 90 x 40 mm (lambourdes)
- Pin brut: 4 poteaux de 2 m de long, par 75 x 75 mm (poteaux)
- Pin brut : 7 lames de 3 m de long, par 90 x 20 mm (lames)
- Pin brut : 1 lame de 3 m de long, par 25 x 25 mm d'épaisseur (lames)
- Pin brut : 3 lames de 3 m de long, par 35 x 20 mm (lames)

Pour le tout :

- Vis zinguées à tête fraisée et cruciforme: 200 de 5 x 75 mm, 100 de 6 x 90 mm
- Agrafes galvanisées: 100 de 10 mm
- Béton: 1 part (20 kg) de ciment, 5 parts (100 kg) de graviers pour chacun des 9 poteaux
- Bâche de plastique tissé (assez grande pour toute la surface)
- Peinture blanche mate pour extérieur

Vue éclatée de l'engawa japonais

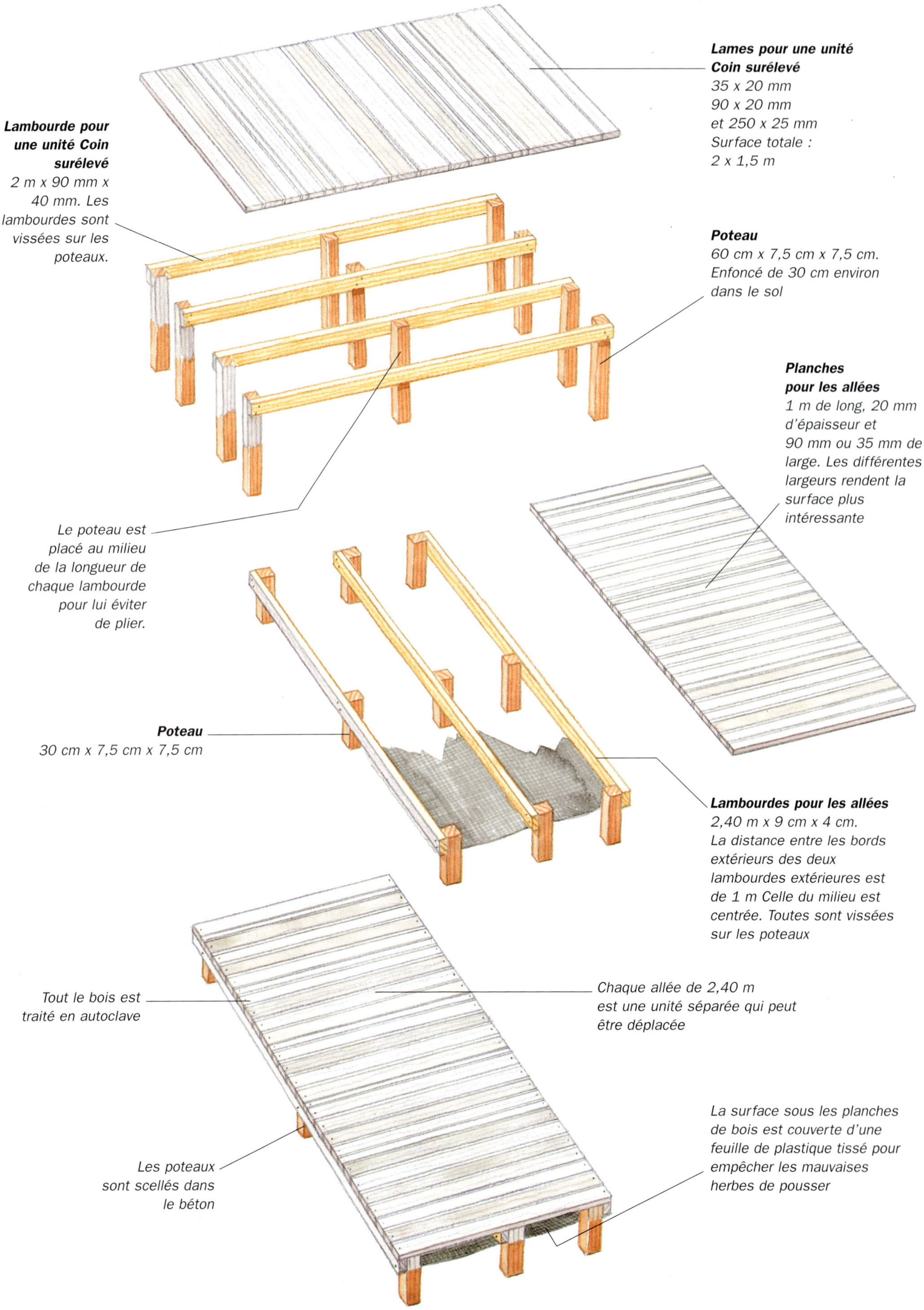

Construction d'un engawa japonais

1 Construire l'ossature de l'allée Prendre trois lambourdes de 2,40 m et placez-les comme sur le dessin ci-contre pour former le cadre de base. Vissez une planche de 20 mm d'épaisseur à chaque extrémité pour maintenir le cadre d'équerre, en utilisant des vis de 75 mm.

2 Fixer le plastique Retournez le cadre et découpez une bâche de plastique tissé de la même dimension. Agrafez-la à ce qui sera le dessous des lambourdes.

3 Visser sur les poteaux Coupez neuf poteaux de 75 mm de section à 30 cm de longueur et fixez-les sur les lambourdes avec des vis de 90 mm (coupez le plastique autour de chaque poteau). Mettez-en un à chaque extrémité des lambourdes et un à mi-longueur pour former un support central.

4 Sceller les poteaux Posez le cadre sur le sol et déterminez la place des poteaux. Creusez des trous de 21 cm de profondeur (l'allée est au niveau du sol). Coulez du béton un peu sec dans les trous et mettez le cadre en place. Lissez le béton autour des poteaux avec un morceau de bois.

5 Construire d'autres cadres Suivez la même procédure pour les cadres de toutes les allées en vérifiant, avec le niveau à bulles, qu'ils sont au même niveau. Construisez l'unité Coin surélevé de la même façon, scellez dans du béton les poteaux de 60 cm de long, dans des trous de 30 cm de profondeur.

6 Fixer les planches sur les cadres Pour terminer, fixez les planches sur les lambourdes avec des vis de 75 mm et poncez. Mélangez la peinture blanche avec une bonne quantité d'eau pour obtenir un badigeon léger et passez deux couches sur l'engawa. Voir p. 58 pour la construction de l'escalier.

Terrasse circulaire

★
Facile

Temps utile
Un week-end
Un jour pour construire les cadres hexagonaux ; un jour pour les assembler et finir

Cette terrasse circulaire excite la curiosité – elle évoque une roue à aubes ou à un moulin à vent. Son aspect singulier en fait un lieu parfait pour un jeu d'eau ou une scène fleurie et ses lames de bois rugueuses offrent une surface bien plane pour toutes sortes d'activités. Vous pouvez facilement économiser sur le coût des matériaux en utilisant du bois de récupération comme de vieux planchers, si nécessaire.

Étude du projet

La terrasse est construite avec des lames en queue de billard découpées dans dix-huit planches de pin qui mesurent 1,05 m de long, 25 cm de large et 25 mm d'épaisseur. Ce qui donne 35 queues de billard plus une pour faire bonne mesure. Le diamètre est d'environ 2,50 m.

Nous avons placé la terrasse sur un cercle de gravillons existant. Si vous voulez avoir une même surface de gravillons pour votre terrasse, il vous faudra environ huit brouettes de gravillons. Les lames en queue de billard sont vissées sur trois cadres hexagonaux. Lorsque toute la structure est en place les cadres sont maintenus par les gravillons et les lames de bois disposées de la façon la plus agréable à l'œil.

Réalisation

Observez votre site et décidez de l'emplacement de la terrasse. Utilisez des chevilles et de la ficelle pour délimiter une surface circulaire de 2,50 m de diamètre et recouvrez-la de gravillons. Entourez le cercle avec un matériau de votre choix. Nous avons utilisé des petits rondins et disposé quelques galets entre la terrasse et la bordure.

Il vous faut

Outils

- Crayon, règle, mètre ruban et équerre
- Chevilles et ficelle
- Deux établis portables
- Scie à onglet
- Perceuse-visseuse sans fil avec embout cruciforme
- Forets correspondant aux différentes tailles des vis
- Râteau

Fournitures

(Les dimensions de toutes les pièces de bois brut sont données découpe comprise. Tout le bois est traité en autoclave)

Pour un patio de 2,50 m de diamètre

- Pin brut : 9 lames de 2,10 m de long, 25 cm de large et 25 mm d'épaisseur (lames en queue de billard)
- Pin brut : 8 chevrons de 2 m de long, par 75 x 30 mm (cadres hexagonaux)
- Vis zinguées, à tête fraisée et cruciforme : 50 de 5 x 75 mm et 200 de 4 x 50 mm

Dimensions hors tout et remarques générales

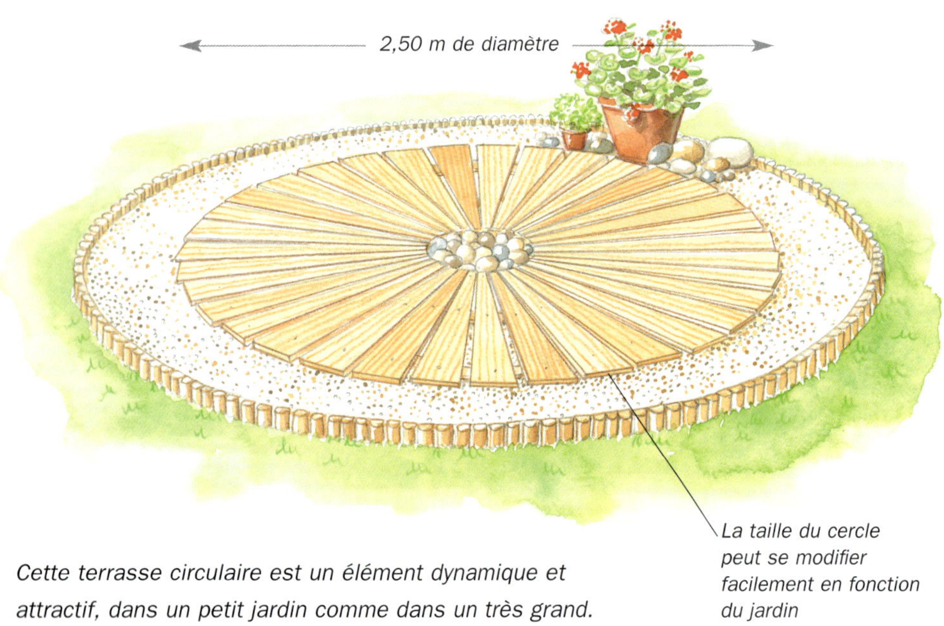

Cette terrasse circulaire est un élément dynamique et attractif, dans un petit jardin comme dans un très grand.

Vue éclatée de la terrasse circulaire

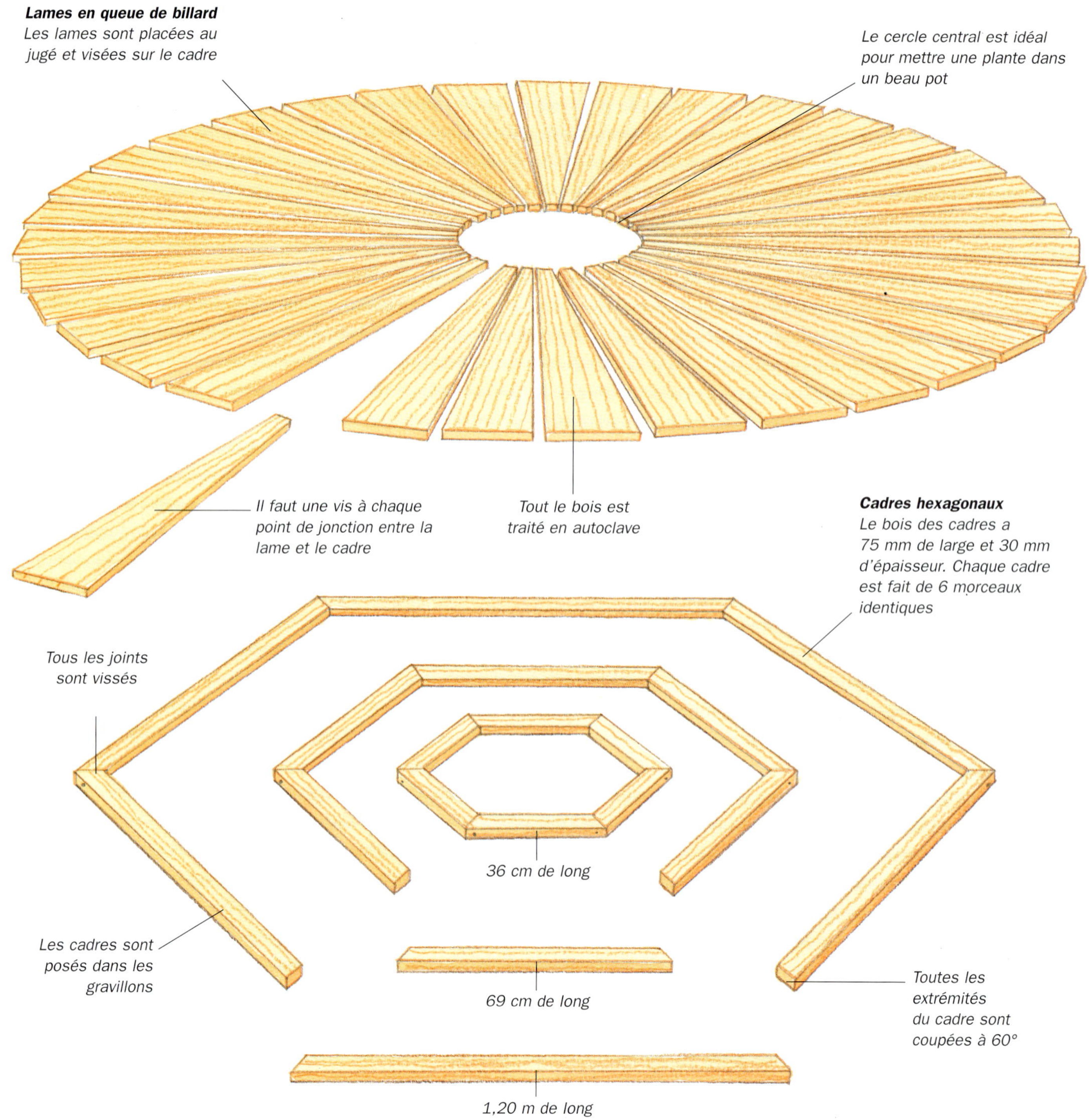

Détails de deux queues de billard découpées dans une lame

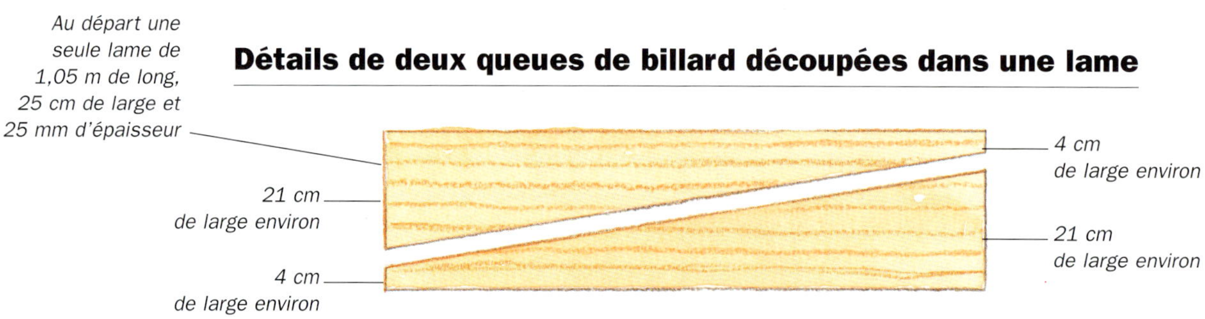

Construction de la terrasse circulaire

1 Couper les queues de billard
Coupez les planches en longueurs de 1,05 m, tracez une diagonale comme il est expliqué en page 40. Coupez avec la scie électrique en suivant la diagonale, pour obtenir deux morceaux.

2 Découper les cadres
Prenez les planches qui vont former les trois cadres hexagonaux. Réglez la scie à onglets sur 60°/30°et coupez-les à la longueur voulue. Chaque hexagone nécessite six longueurs identiques.

3 Visser les cadres
Placez les morceaux de chaque cadre et fixez-les ensemble avec des vis de 75 mm. Avant de visser faîtes au foret des avant-trous pour ne pas fendre le bois.

4 Placer les cadres
Placez les cadres l'un à l'intérieur de l'autre sur le cercle de gravillons. Reculez-vous, regardez-les selon différents angles pour vérifier qu'ils sont centrés et bien alignés puis amenez les gravillons au niveau des cadres avec le râteau.

5 Fixer les queues de billard
Mettez toutes les lames en place. Vérifiez à l'œil nu et ajustez-les jusqu'à ce que la disposition vous satisfasse, puis fixez-les avec des vis de 50 mm en utilisant une vis par intersection lame – cadre.

Sentier campagnard

Ce sentier a sa place aussi bien à la campagne que dans un jardin citadin. Il restera sec, solide et plat en dépit des intempéries et des mauvais traitements. C'est la simplicité même – il ne demande pas de béton pour stabiliser des poteaux ni de feuille de plastique pour arrêter les mauvaises herbes. Si vous aimez l'idée d'un sentier sans prétention et que vous vouliez le réaliser rapidement et facilement, voici un bon projet à essayer.

★
Facile

Temps utile
Un week-end pour un sentier de 6 m
Un jour pour les tranchées et couper le bois ; un pour la construction

Étude du projet

Le sentier mesure environ 1 m de large. Il est fait en deux parties – des longueurs de 50 cm de rondins de 15 cm de diamètre pour les bordures et des longueurs de 50 cm sur 10 cm de large pour les planches de l'allée. Une fois que la bordure est en place, les planches sont placées à 5 cm de distance les unes des autres sur une base de gros graviers ou de cailloux puis les espaces entre et autour des planches sont comblés de gravillons. Solides et plates les planches forment un bon sentier sûr, parfait pour tous les usagers du jardin quelles que soient leurs activités, qu'ils flânent, jouent ou poussent une brouette.

Réalisation

Délimitez le tracé du sentier avec le mètre, les chevilles et la ficelle. Vous avez besoin de six poteaux de section ronde (1 m de long) et de trois planches (1 m de long) pour chaque mètre de sentier (chaque poteau sera coupé en deux). Retirez les plantes de la surface délimitée et creusez sur 20 cm. Marquez la place des deux tranchées.

Il vous faut

Outils

- Crayon, règle, mètre ruban et équerre
- Bêche et pelle
- Deux établis portables
- Scie égoïne
- Masse
- Râteau
- Brouette

Fournitures

(Les dimensions des pièces de bois brut sont données découpe comprise. Tout le bois est traité en autoclave)

Pour 1 m de sentier sur 1 m de large

- Pin : 6 poteaux de section ronde de 1 m de long, 150 mm de diamètre (rondins)
- Pin : 3 poteaux de 1 m de long, de section carrée de 100 x 100 mm (planches de l'allée)
- Graviers : une brouette de gros cailloux
- Gravillons : 1 brouette

Dimensions hors tout et remarques générales

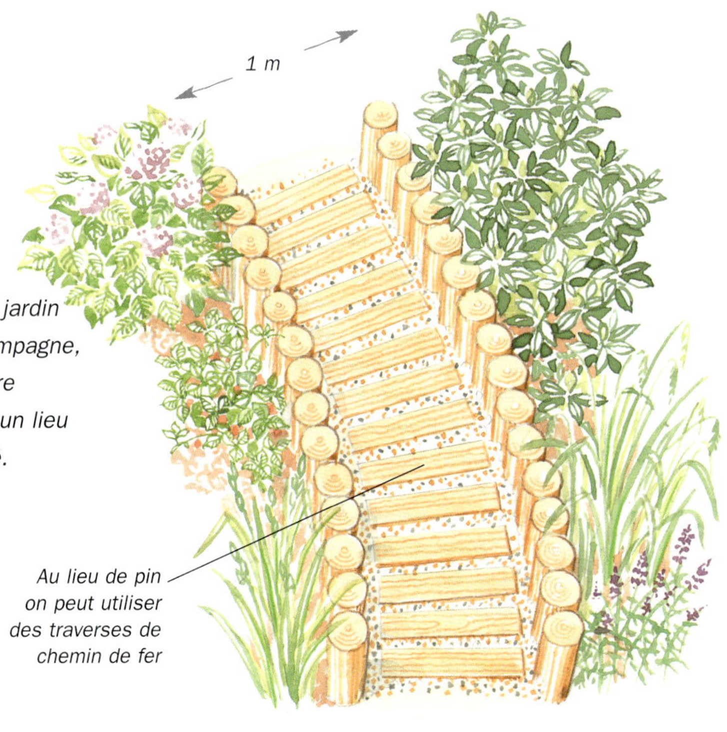

Plaisant dans un jardin de ville ou de campagne, il l'est plus encore serpentant dans un lieu luxuriant et boisé.

Vue éclatée du sentier campagnard

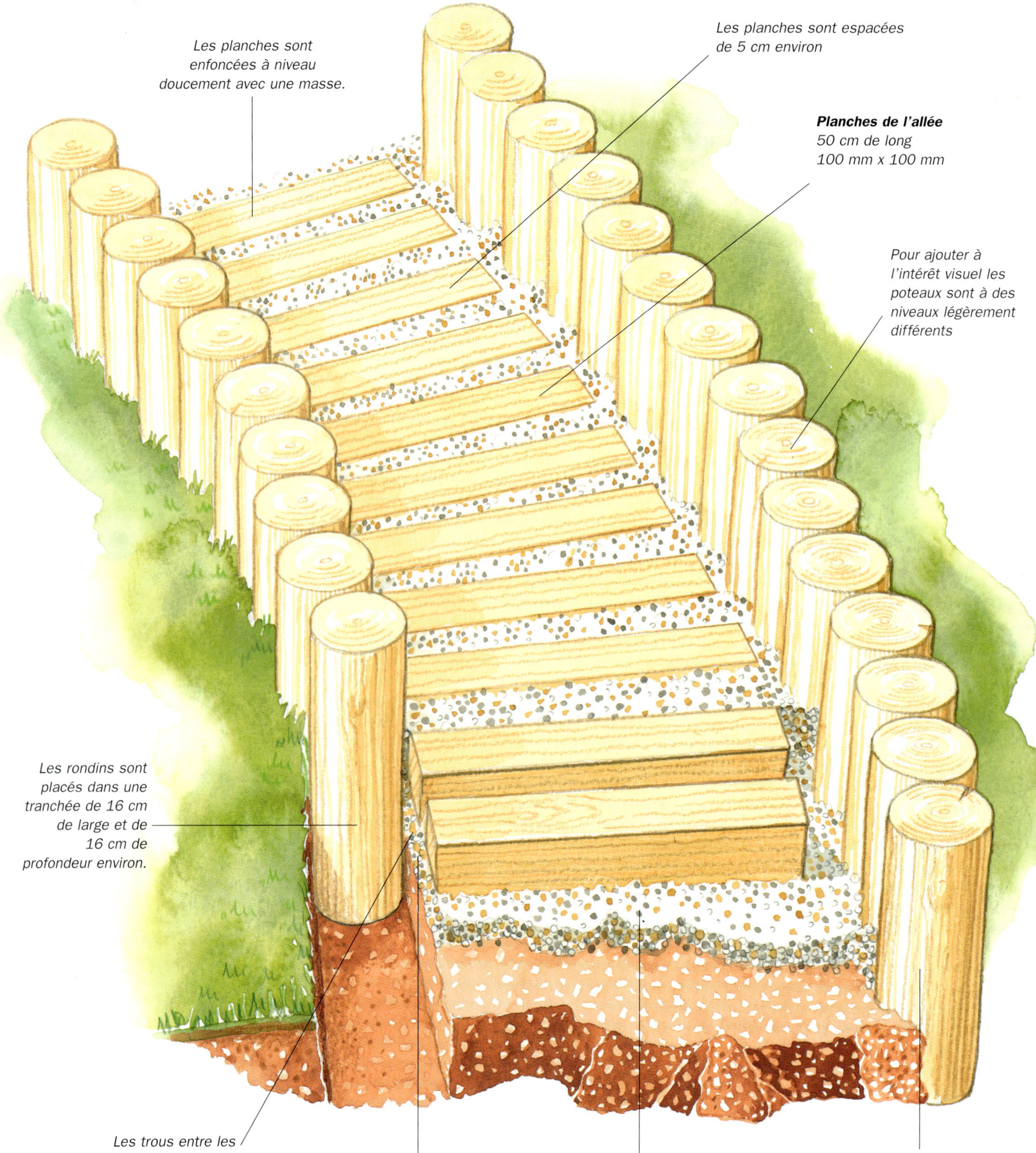

Réalisation du sentier campagnard

1 Tracer le sentier
Avec le mètre ruban, les chevilles et la ficelle tracez le sentier. Excavez toute la surface sur 20 cm de profondeur et 1 m de large. D'un côté creusez une tranchée de 16 cm de large et de 16 cm de profondeur, placez-y une rangée de rondins de 50 cm de hauteur.

2 Placer l'autre rangée de poteaux
Procédez de la même façon de l'autre côté. Utilisez la terre de la tranchée pour remplir les trous entre les poteaux et niveler le terrain. Tassez avec la masse.

3 Étaler les graviers
Versez une couche de graviers sur le sol entre les poteaux, étalez et nivelez avec le râteau sur une épaisseur de 6-10 cm. Tassez jusqu'à ce que le sol soit ferme sous le pied.

4 Disposer les planches de l'allée
Prenez les pièces de bois de 50 cm de long et de 100 mm de section posez-les sur le gravier, espacées de 5 cm et centrées dans la largeur du sentier. Ajustez-les pour qu'elles rayonnent autour des courbes. Étalez la couche de gravillons.

Pont japonais

★★
Moyen

Temps utile
Un week-end
Un jour pour les lambourdes et les planches, un jour pour la rambarde en bambou

Le pont japonais vous permet de traverser un petit cours d'eau. Il est fait de deux lambourdes de 100 mm qui enjambent l'eau, recouvertes de planches de 85 mm de large et de 40 mm d'épaisseur. Sur un des côtés du pont il y a une rambarde faite de deux bambous. Les poteaux de la rambarde sont fixés par des boulons directement sur le côté d'une des lambourdes et renforcés par une traverse à la partie inférieure de l'autre.

Étude du projet

Le pont a 3,60 m de long - vous pouvez, si vous le souhaitez le raccourcir mais, pour des raisons de sécurité, vous ne pouvez pas le rallonger. La rambarde est fixée sur les côtés des poteaux par des mortaises et des tenons, les joints sont ligaturés avec de la corde.

Réalisation

Retirez le feuillage des berges et assurez-vous que le sol est ferme. Vérifiez que les lambourdes principales ne présentent ni fentes ni gros nœuds.

Dimensions hors tout et remarques générales

Nous avons choisi de construire ce pont sur un bassin mais il sera joli aussi au-dessus d'une rivière sèche en galets, dans la tradition japonaise.

Il vous faut

Outils

- Crayon, règle, mètre ruban et équerre
- Chevilles et ficelle
- Deux établis portables
- Scie égoïne
- Bêche et masse
- Marteau-arrache clous
- Hache
- Clé pour serrer les écrous
- Scie sauteuse électrique
- Ponceuse électrique

Fournitures

(Les dimensions des pièces de bois brut sont données découpe comprise. Tout le bois est traité en autoclave. Les clous sont achetés au poids)

Pour un pont de 3,60 m de long et 60 cm de large.

- Pin : 2 poteaux de section ronde de 4 m de long et 100 mm de diamètre (lambourdes principales)
- Pin : 2 poteaux de section ronde de 3 m de long et 100 mm de diamètre (piliers, poteaux de rambarde et chevilles)
- Pin brut : 15 lames de 2 m de long, par 85 x 40 mm (planches et entretoises)
- Pin brut: 1 baguette de 4 m de long, 30 mm de large et 20 mm d'épaisseur (baguette provisoire)
- Bambou : 1 canne de 3 m de long de 100 mm de diamètre (rambarde)
- Bambou : 2 cannes de 3 m de long (barreaux intermédiaires)
- Clous : 1 kg de 150 mm x 6 mm (fixation des lambourdes aux piliers)
- Clous : 2 kg de 125 cm x 5,6 mm (fixation des planches aux lambourdes)
- Vis zinguées à tête fraisée et cruciforme : 50 de 6 x 90 mm
- Boulons : 2 de 250 mm de long avec des rondelles et des écrous

Vue éclatée du pont japonais

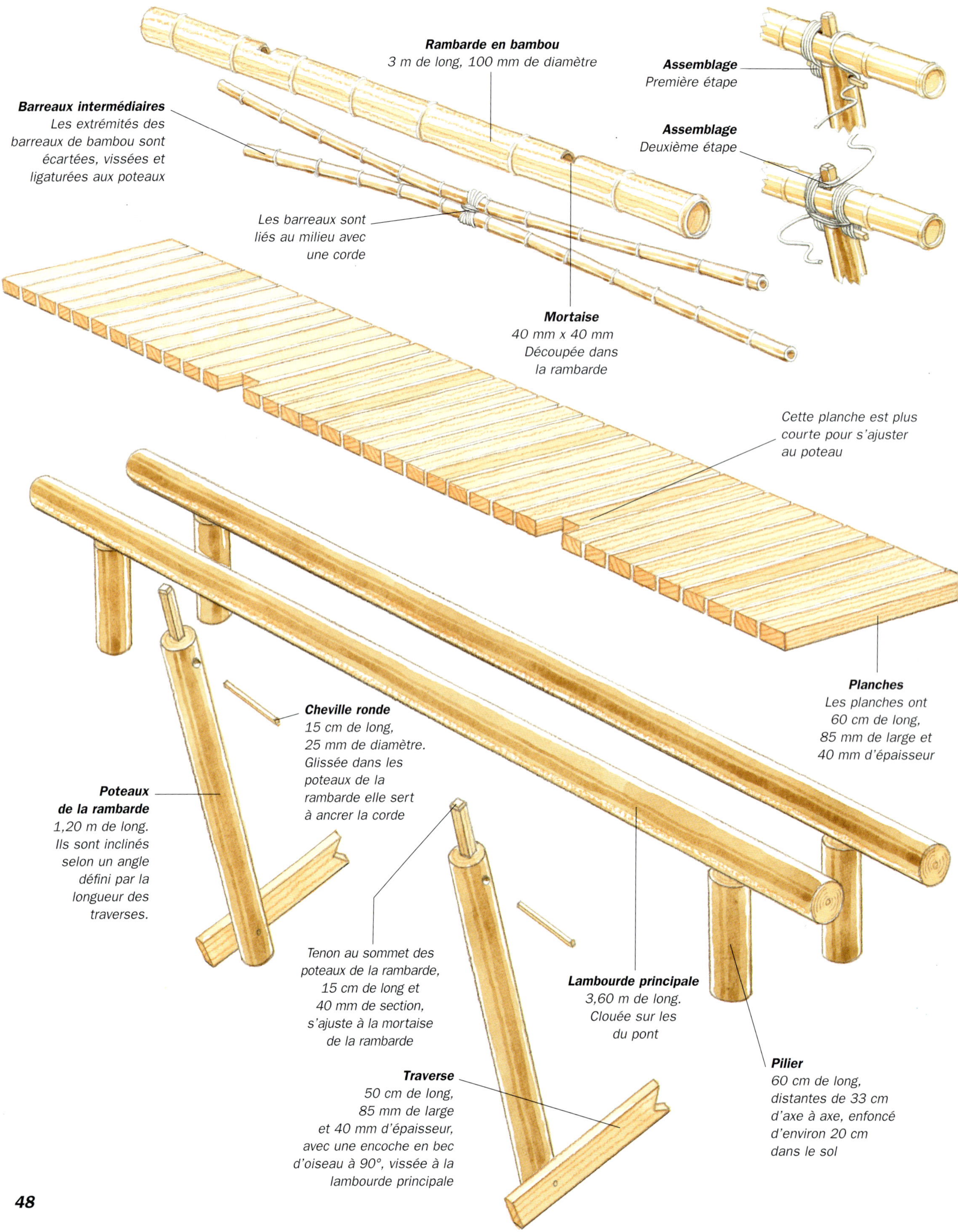

Construction du pont japonais

1 Fixer les lambourdes principales Coupez quatre piliers de 60 cm de long et enfoncez-les de chaque côté de l'eau, au même niveau, à 33 cm de distance d'axe à axe, et à 40 cm au-dessus du sol. Clouez directement les lambourdes sur le sommet des piliers avec des clous de 150 mm.

2 Fixer les planches Centrez et clouez une planche aux deux extrémités des lambourdes. Clouez provisoirement une baguette le long de ces deux planches pour vous servir de guide puis clouez les autres planches. Laissez deux vides pour les poteaux de la rambarde. Utilisez des clous de 150 mm.

3 Construire la rambarde Coupez les poteaux de la rambarde. Avec la scie et la hache, découpez les tenons de 15 cm de long et de 40 mm de section à l'extrémité supérieure de chaque poteau. Fixez solidement les poteaux de la rambarde aux lambourdes avec des boulons (voir illustration 4).

4 Renforcer Couper les deux traverses à la longueur. Faîtes une encoche en bec d'oiseau à angle droit à un des bouts de chacune d'elles. Vissez les traverses entre l'extrémité des poteaux et le dessous des lambourdes.

5 Fixer la rambarde Marquez la place des mortaises sur la rambarde en bambou et découpez-les avec la perceuse et la scie sauteuse. Placez la rambarde sur les tenons. Percez des trous, faites-y entrer les chevilles et liez les jointures avec la corde.

6 Ajouter les barreaux intermédiaires Attachez les deux barreaux intermédiaires par le milieu, percez des trous et vissez-les aux poteaux. Enfin, dissimulez les vis avec la corde. Poncez pour obtenir une belle finition.

Jardinières

★★
Moyen

Temps utile
Un week-end
Un jour pour faire les cadres et couper les lattes, un jour pour les assembler

Quel que soit l'espace extérieur les jardinières sont un attrait supplémentaire. Plantées de scènes diverses elles apportent de la couleur au jardin tout au long de l'année. Matériau naturel, le bois est toujours séduisant marié aux plantes avec lesquelles il est immédiatement en harmonie. Faîtes de lattes découpées ou arrondies les jardinières ont un petit air traditionnel alors qu'un rebord anguleux leur donne un aspect net et moderne.

Étude du projet

Chacune de ces jardinières est construite à partir de deux cadres horizontaux, cachés par des lattes étroites, fixées verticalement à l'extérieur.

Nous avons fait une grande jardinière avec des lattes rectangulaires bordées par un cadre aux coins biseautés, une moyenne avec des lattes arrondies et une petite avec des lattes pointues. Si vous suivez exactement nos conseils ce mélange de styles donnera à votre patio un aspect éclectique. Vous pouvez aussi opter pour un choix plus classique et en réaliser trois d'une même forme.

Les cadres sont faits de baguettes de 35 mm de large et 20 mm d'épaisseur, les lattes sont découpées dans des planches de 70 mm de large et 16 mm d'épaisseur et les renforts d'angles dans du bois de 60 mm de large et 30 mm d'épaisseur.

Réalisation

Si vous souhaitez varier le design, la forme, la taille et la quantité de jardinières, prenez un crayon et un papier, calculez ce qu'il vous faut comme fournitures puis commandez le bois. Vous devez fixer la découpe du haut, la hauteur, la longueur et la largeur des côtés.

Dimensions hors tout et remarques générales

Des jardinières peuvent éclairer un caillebotis, une terrasse ou un balcon. On peut les remplir directement de terre ; on peut aussi y mettre des pots.

Il vous faut

Outils

- ✔ Crayon, règle, compas, mètre ruban, biseau et équerre
- ✔ Deux établis portables
- ✔ Scie égoïne
- ✔ Perceuse-visseuse électrique sans fil avec embout cruciforme
- ✔ Forets aux tailles des vis
- ✔ Marteau-arrache clous
- ✔ Scie sauteuse et ponceuse

Fournitures

(Les dimensions des pièces de bois brut sont données découpe comprise. Tout le bois est traité en autoclave. Assurez-vous qu'il n'est pas nocif pour les plantes)

Pour une grande, une moyenne et une petite jardinières

- ✔ Pin brut : 5 tasseaux de 3 m de long, par 35 x 20 mm (cadres)
- ✔ Pin brut : 1 tasseau de 2 m de long, par 60 x 30 mm (renforts d'angles)
- ✔ Pin brut : 15 lames de 3 m de long, par 70 x 16 mm (lattes, cadre décoratif, fond)
- ✔ Vis zinguées à tête fraisée et cruciforme : 200 de 4 x 30 mm, 200 de 4 x 50 mm
- ✔ Clous galvanisés : 2 kg de clous de 40 mm de long

Vue éclatée de la plus grande jardinière

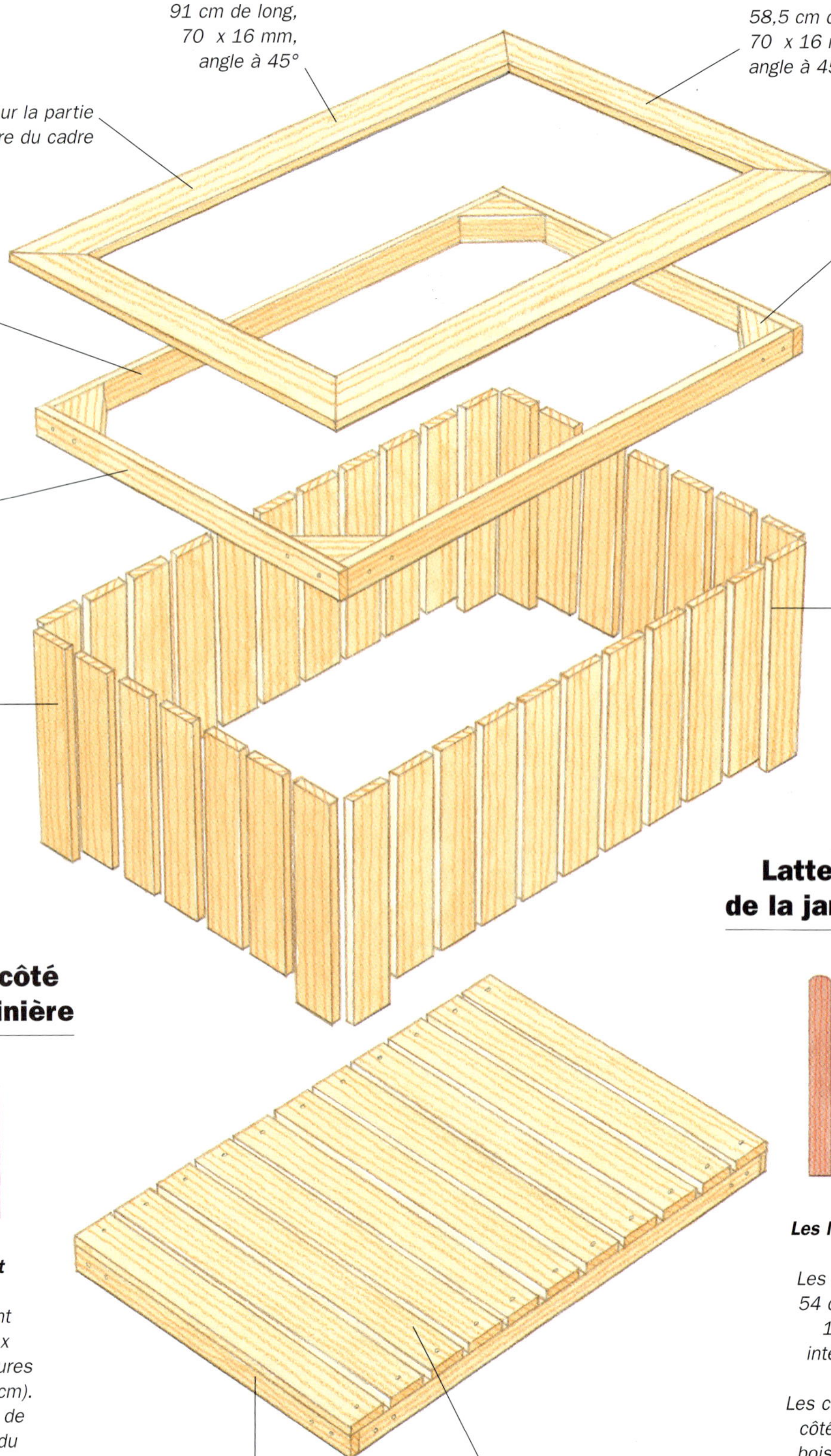

Lattes pour un côté de la petite jardinière

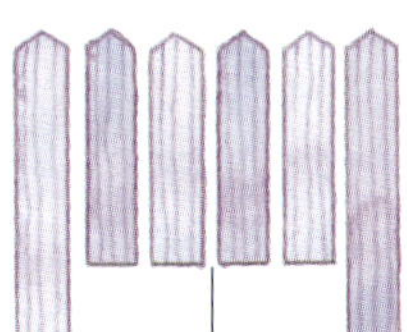

Le haut des lattes est découpé à 60°
Les poteaux de coin ont 41 cm de long par 70 x 16 mm (les lattes intérieures sont plus courtes de 12 cm). Les cadres ont 47,8 cm de côté et sont faits avec du bois de 35 mm de large et 20 mm d'épaisseur. Les planches du fond ont 47,8 cm de long, par 70 x 16 mm

Lattes pour un côté de la jardinière moyenne

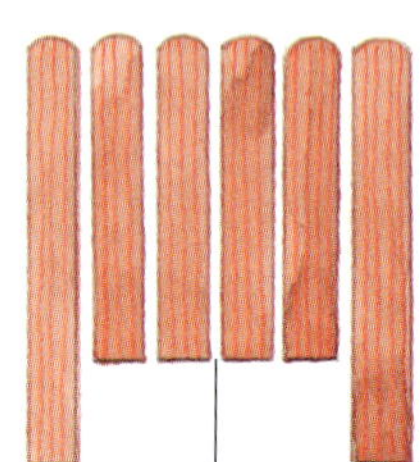

Les lattes sont arrondies au sommet
Les poteaux de coin ont 54 cm de long par 70 x 16 mm (les lattes intérieures ont 12 cm de moins). Les cadres de 47,8 cm de côté sont faits dans du bois large de 35 mm et épais de 20 mm. Les planches du fond ont 47,8 cm de long, par 70 x 16 mm.

Construction des jardinières

1 Construire les cadres

Coupez les éléments des cadres et les renforts d'angle à la bonne longueur. Assemblez les différentes parties, percez les avant-trous et fixez-les avec des vis de 50 mm. Faîtes deux cadres pour chaque bac.

2 Fixer les poteaux de coin

Coupez les lattes de coin à la longueur et fixez-les sur les coins du cadre supérieur avec des vis de 30 mm. Vous remarquerez que les lattes de coin, plus longues, forment les pieds.

3 Fabriquer le fond

Coupez les planches du fond et clouez-les sur le cadre inférieur. Pour éviter de fendre le bois percez des avant-trous pour les clous. Disposez les planches en les espaçant au jugé pour recouvrir le cadre avec un nombre rond de lattes.

4 Assembler

Vissez le cadre du fond sur les lattes de coin. Vérifiez que la structure est d'équerre et vissez les lattes intérieures sur les deux cadres. Utilisez des vis de 30 mm. Espacez les lames au jugé pour recouvrir chaque côté du bac avec un nombre rond de lattes.

5 Cadre décoratif pour le grand bac

La grande a un cadre aux coins en biseau. Coupez des morceaux de bois de la longueur et de la largeur de la jardinière. Coupez les coins en biseau avec la scie sauteuse et fixez, avec des vis de 30 mm, le cadre ainsi formé au sommet pour cacher l'extrémité des lattes.

6 Lattes façonnées

Si vous voulez façonner des lattes (arrondies pour la jardinière moyenne et pointues pour la petite) dessinez les courbes ou marquez les points centraux avec le compas. Découpez en suivant le tracé avec la scie sauteuse. Poncez pour obtenir une belle finition.

Caillebotis en damiers

★★
Moyen

Temps utile
Un week-end
Un jour pour construire la grille, le reste du temps pour monter le caillebotis

La conception très souple de ce caillebotis en damiers présente beaucoup d'avantages. Elle permet d'imaginer toutes sortes de compositions, carrée, rectangulaire, à créneaux ou de toute autre forme qui vous plaise à condition que le module de base soit le carré. Cette structure permet aussi de supprimer quelques damiers pour y planter des fleurs, installer un banc, un bac à sable, un jeu d'eau, un arbre ou du gazon.

Étude du projet

Le cadre de base est posé sur un lit de graviers. Il se compose de deux couches de lambourdes superposées perpendiculairement, chacune composée de huit lambourdes distantes de 36,5 cm. La grille ainsi obtenue est fixée et maintenue d'équerre en vissant des entretoises de 30 cm à la structure inférieure. Les planches sont simplement vissées sur la grille.

La technique est simple – pas d'outil compliqué à manier ni d'assemblage complexe à effectuer - cette simplicité demande un soin et un effort particuliers au stade de la conception et de la planification pour obtenir de bons résultats.

Réalisation

Observez votre site et voyez si le caillebotis doit avoir les mêmes dimensions que le projet (2,62 m de côté) Délimitez-le avec un mètre, des chevilles et une ficelle. Transférez la forme sur un papier quadrillé, les lambourdes sont distantes de 36,5 cm d'axe à axe. Calculez la quantité de bois nécessaire.

Il vous faut

Outils

- Crayon, règle, mètre ruban, équerre, fausse équerre, papier quadrillé
- Chevilles et ficelle
- Bêche et brouette
- Perceuse-visseuse électrique sans fil avec embout cruciforme
- Forets aux tailles des vis
- Scie égoïne
- Deux établis portables
- Ponceuse électrique
- Pinceau brosse

Fournitures

(Toutes les dimensions des pièces de bois brut sont données découpe comprise. Tout le bois est traité en autoclave)

Pour un patio de 2,62 m de côté

- Pin brut : 24 tasseaux de 3 m de long, par 65 x 30 mm (cadre et entretoises)
- Pin brut : 33 lames de 3 m de long, par 75 x 16 mm (lames du caillebotis)
- Vis zinguées à tête fraisée et cruciforme : 100 de 5 x 55 mm, 200 de 4 x 35 mm
- Feuilles de plastique tissé : 3 x 3 m
- Graviers : 10 brouettes
- Peinture bois pour extérieur

Dimensions hors tout et remarques générales

C'est un excellent projet pour un petit espace. On peut aussi l'utiliser pour rompre la monotonie d'une grande pelouse et même le peindre dans des couleurs vives.

Vue éclatée du caillebotis en damiers

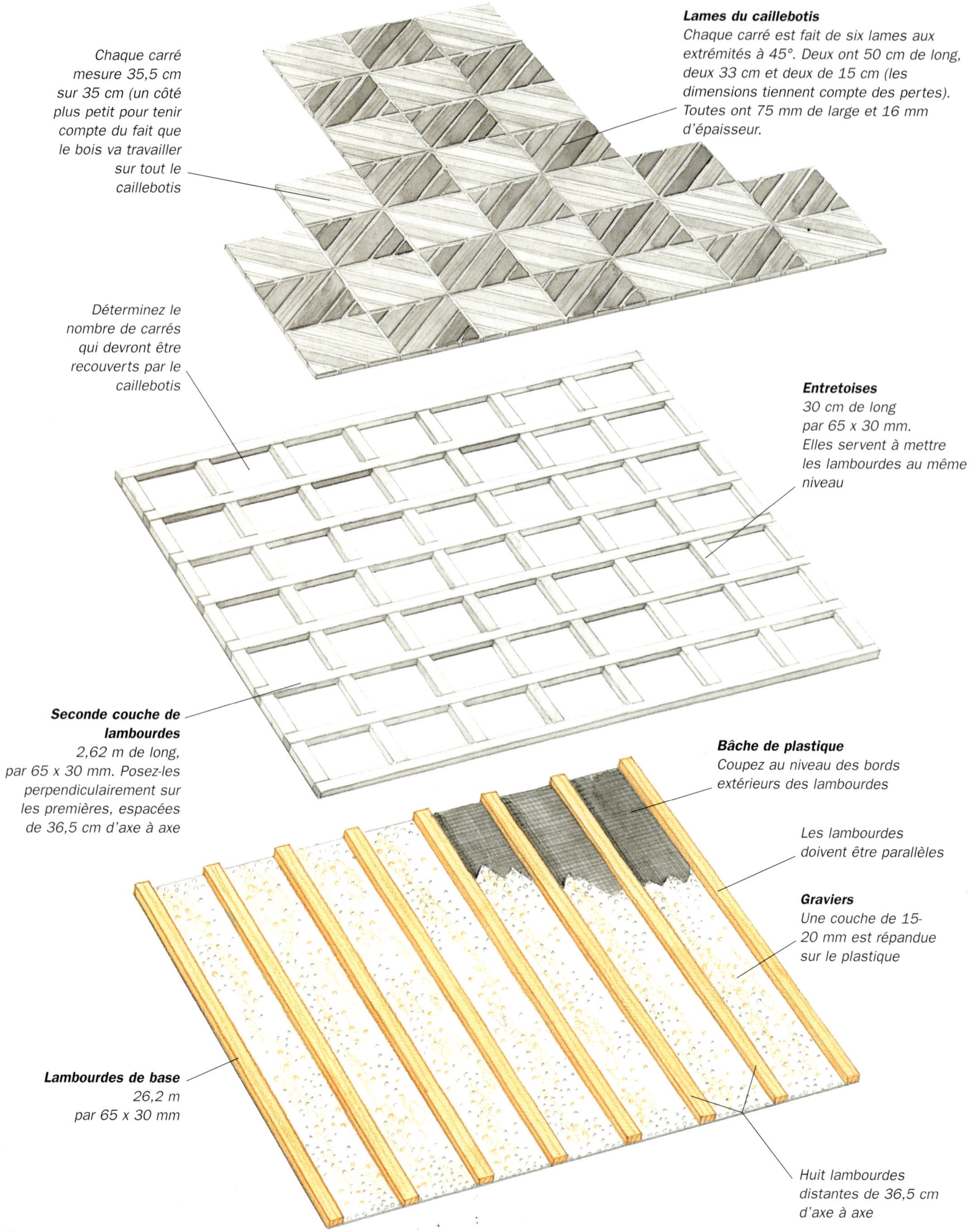

Construction du caillebotis en damiers

1 Placez les lambourdes de base
Posez la bâche de plastique sur l'emplacement choisi et couvrez-la d'une couche de graviers lavés de 15-20 mm. Placez huit lambourdes côte à côte, de telle façon qu'elles soient parallèles et distantes de 36,5 cm d'axe à axe.

2 Mettre la seconde couche en place
Placez huit autres lambourdes sur les lambourdes de base, de la même manière que précédemment, pour qu'elles forment une grille et soient distantes de 36,5 cm d'axe à axe. Vissez les deux couches ensemble avec des vis de 55 mm.

3 Ajouter les entretoises
Coupez des longueurs de 30 cm dans les pièces de bois de section 65 x 30 mm. Placez-les sur les parties visibles de la première couche de lambourdes pour la porter au même niveau que la deuxième. Fixez avec des vis de 55 mm.

4 Couper les planches du caillebotis
Observez la grille, définissez le contour et choisissez la place des vides pour les plantations, calculez combien de carrés vous devez recouvrir de caillebotis. Coupez et biseautez six longueurs de planches pour chaque carré (voir p. 56 pour les dimensions).

5 Ajuster le caillebotis
Placez les lames sur la grille selon la configuration que vous avez définie et fixez-les avec des vis de 35 mm. Poncez la structure. Enfin, délayez la peinture dans de l'eau pour avoir un badigeon et passez-le à la brosse.

Estrade de jardin avec escalier

★★
Moyen

Temps utile
Deux week-ends
1 jour pour les plots de béton, 2 jours pour le caillebotis, 1 pour les finitions.

Le caillebotis est très utile sur un terrain en pente. Vous n'avez pas besoin de transporter de grosses quantités de terre pour niveler un espace, en le recouvrant le caillebotis résout le problème. Il suffit d'adapter la longueur des pieds à la pente du terrain. Une fois votre estrade en place vous regarderez votre jardin d'un autre œil – l'expérience s'apparente à celle du tapis volant.

Étude du projet

Cette estrade carrée a un poteau à chaque coin et une petite volée de marches au milieu d'un des côtés. Le cadre est directement boulonné sur les pieds, qui sont encastrés dans les plots de béton.

Réalisation

Mesurez le terrain, nettoyez le sol et déterminez l'emplacement des dés de béton. Choisissez l'endroit où mettre l'escalier. Ranger le bois en piles ordonnées et recrutez des amis pour vous aider à l'étape du nivellement, lorsque vous devrez boulonner les pieds au cadre.

Dimensions hors tout et remarques générales

Le caillebotis s'adapte à un terrain plat ou en pente (la longueur des poteaux varie) ; idéal pour les bains de soleil on peut aussi y mettre une table et deux chaises.

Il vous faut

Outils

- Crayon, règle, mètre ruban, trusquin et équerre
- Deux établis portables
- Scie égoïne, bêche et pelle
- Brouette, seau, niveau à bulles
- Perceuse-visseuse électrique sans fil à embout cruciforme
- Forets aux différentes tailles des clous, vis et boulons
- Marteau-arrache clous, clé à pipe
- Ponceuse électrique

Fournitures

(Les dimensions de toutes les pièces de bois brut sont données découpe comprise. Tout le bois est traité en autoclave)

Pour un caillebotis carré de 2,06 m de côté et de 50 cm de haut environ

- Pin brut : 1 poteau de 2 m de long, par 75 x 75 mm (pieds, renforts d'angle et moulage des plots de béton)
- Pin brut : 10 chevrons de 2 m de long, par 70 x 40 mm (cadre et lambourdes)
- Pin raboté : 25 lames rainurées de 2 m de long, par 95 x 25 mm (plancher)
- Pin brut : 4 baquettes façonnées de 2 m de long, par 65 x 30 mm (bandeau)
- Pin brut : 1 lame de 3 m de long, par 150 x 20 mm (limons)
- Pin brut : 1 lame de 3 m de long par 120 x 35 mm (marches)
- Pin brut : 1 tasseau de 1 m de long par 65 x 30 mm (tasseaux)
- Boulons zingués avec écrous et rondelles : 8 de 150 mm
- Vis zinguées à tête fraisée et cruciforme : 300 de 6 x 100 mm, 300 de 5 x 75 mm, 50 de 4 x 50 mm
- Clous en acier : 1 kg, 125 x 5,6 mm
- Béton : 1 part de ciment (25 kg), 2 parts de sable grossier (50 kg), 3 parts de graviers (75 kg)
- Six pots en plastique de 25 cm de haut environ, 23,5 cm de large au sommet et 17,5 cm à la base
- Ruban adhésif

Vue éclatée de l'estrade de jardin avec escalier

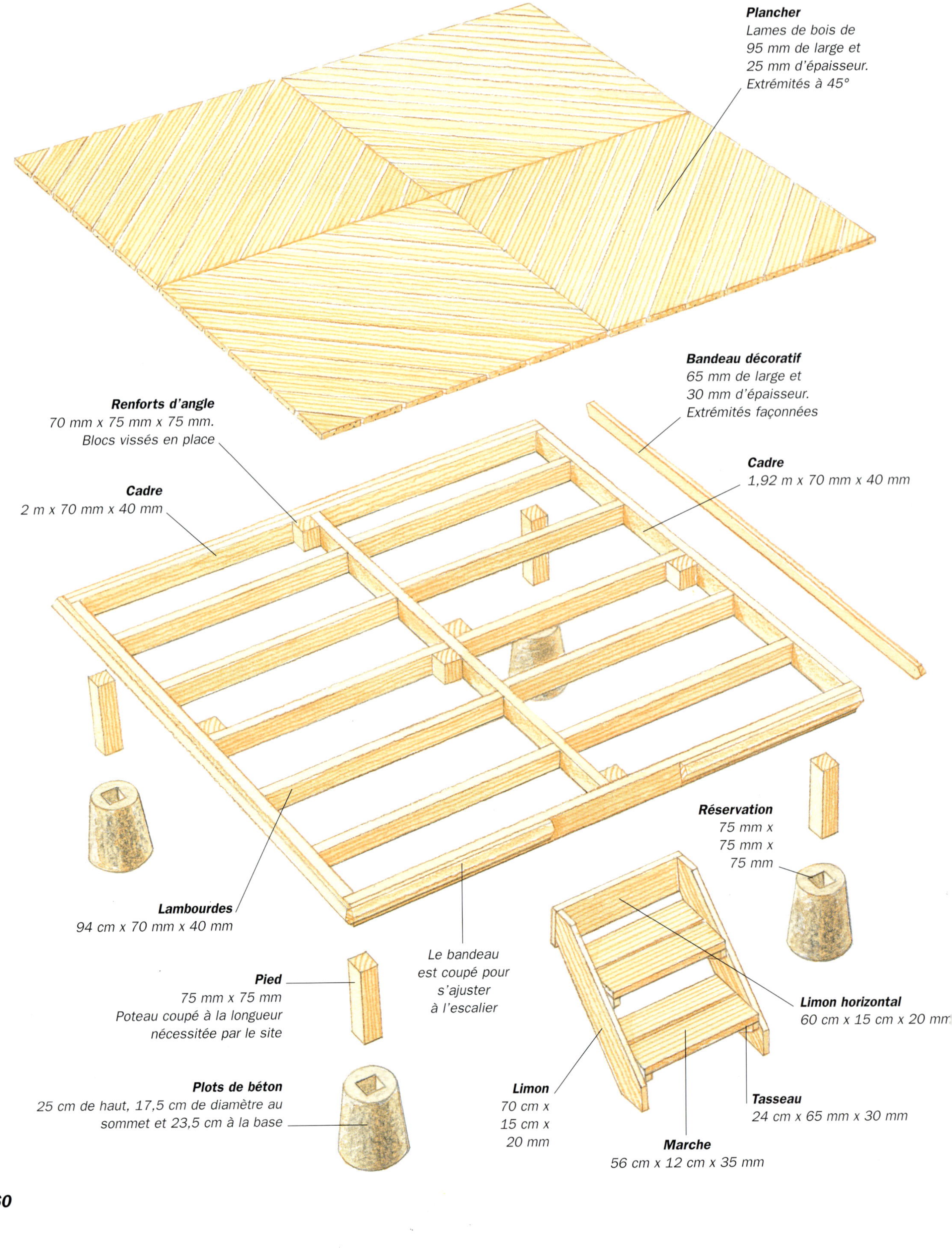

Construction de l'estrade de jardin avec escalier

1 Faire les plots en béton
Coupez six morceaux de 7,5 cm de long, dans le bois de section carrée de 75 mm et mettez-en un dans chaque pot en plastique. Couvrez le trou du fond avec du ruban adhésif et remplissez les pots de béton. (Prévoyez deux pots supplémentaires en cas d'erreurs.)

2 Fabriquer le cadre
Coupez le bois pour le cadre (voir page 60). Construisez un cadre de 2 m de côté avec une lambourde centrale. Vissez dessus les renforts d'angles de 75 mm de section (voir dessin) pour renforcer l'assemblage. Utilisez des vis de 100 mm.

3 Fixer les lambourdes intermédiaires
Mettez en place les lambourdes intermédiaires dans chaque partie du cadre – de telle façon qu'elles soient calées très serrées – et clouez-les. Sortez les plots de béton des pots et retirez le bois pour découvrir les réservations.

4 Poser le cadre sur ses pieds
Avec l'aide d'amis coupez un poteau pour chaque pied et enfoncez-les dans les réservations des plots de béton. Boulonnez les pieds dans les coins du cadre et vérifiez le niveau du cadre. Sciez le haut des poteaux au niveau du bord supérieur du cadre.

5 Faire l'escalier
Construisez l'escalier avec les marches, les limons et les tasseaux, fixez-le au cadre avec des vis de 75 mm. Coupez le bandeau, façonnez les extrémités pour que les coins soient bien nets et recouvrent le bout des lames. Vissez-le sur le cadre avec des vis de 50 mm.

6 Fabriquer le plancher
Coupez les lames pour le caillebotis et vissez-les sur le dessus des lambourdes avec des vis de 75 mm. Enfin, poncez tous les bords pour obtenir une belle finition légèrement arrondie et sans échardes.

Banc et balustrade

★★
Moyen

Temps utile
Deux week-ends
Deux jours pour le banc et deux jours pour la balustrade

Si vous avez envie d'un banc sur une terrasse en bois ce projet est pour vous. Placé près du bord de la terrasse un banc est potentiellement dangereux c'est pourquoi nous avons prévu une balustrade comme barrière de sécurité. Son dessin peut être facilement modifié pour aller avec le style de la terrasse. Si vous souhaitez une structure extrêmement solide le banc peut être fixé avec des boulons à la fois à la terrasse et à la balustrade.

Étude du projet

Les deux éléments ont été conçus de façon à pouvoir être réalisés dans du bois de récupération. Dans beaucoup de nos projets la forme prime la fonction, c'est-à-dire que leur intégration dans le jardin est au moins aussi importante que la façon dont ils fonctionnent, cela n'est donc pas grave si vous les modifiez.

Dans ce cas cependant la fonction est plus importante que tout et le banc comme la balustrade doivent être sûrs, avant toute autre considération. C'est particulièrement vrai pour la balustrade qui doit être juste de la bonne hauteur et supporter toutes les détériorations possibles. Réfléchissez bien avant de changer quelque chose d'important.

Pour la dernière touche nous avons utilisé une peinture pour l'extérieur.

Réalisation

Déterminez le meilleur endroit pour le banc et la balustrade. Le poids du banc doit être également réparti sur les lambourdes et la balustrade doit être fixée par des boulons à une lambourde principale au moins. Nous avons fixé deux balustrades sur deux côtés d'une terrasse en bois relativement basse, si la vôtre est très haute il est préférable de mettre des balustrades sur tous les côtés.

Dimensions hors tout et remarques générales

Simples à construire ce banc et cette balustrade conviennent parfaitement à de nombreuses terrasses en bois. C'est un lieu de détente sûr pour toute la famille.

Il vous faut

Outils

- Crayon, règle, mètre ruban, équerre
- Deux établis portables
- Scie égoïne
- Perceuse visseuse sans fil
- Forets aux différentes tailles des vis et des boulons
- Clé à cliquet et niveau à bulles
- Ponceuse électrique

Fournitures

(Les dimensions de toutes les pièces de bois brut sont données découpe comprise. Tout le bois est traité en autoclave)

Pour un banc de 1,65 m de côté, des balustrades de 2,12 m de long et 94 cm de hauteur

- Pin brut : 3 poteaux de 2 m de long par 75 x 75 mm (poteaux et pieds du banc)
- Pin brut : 26 tasseaux de 2 m par 40 x 20 mm (traverses de la balustrade et barreaux)
- Pin brut : 7 planches de 3 m de long par 100 x 20 mm (lisses, siège, bandeau)
- Pin brut : 1 chevron de 3 m par 80 x 35 mm (traverses sous le siège)
- Vis zinguées à tête fraisée et cruciforme : 50 de 6 x 90 mm, 100 de 4 x 35 mm
- Boulons : 12 de 150 mm de long avec rondelles et écrous

Vue éclatée du banc et de la balustrade

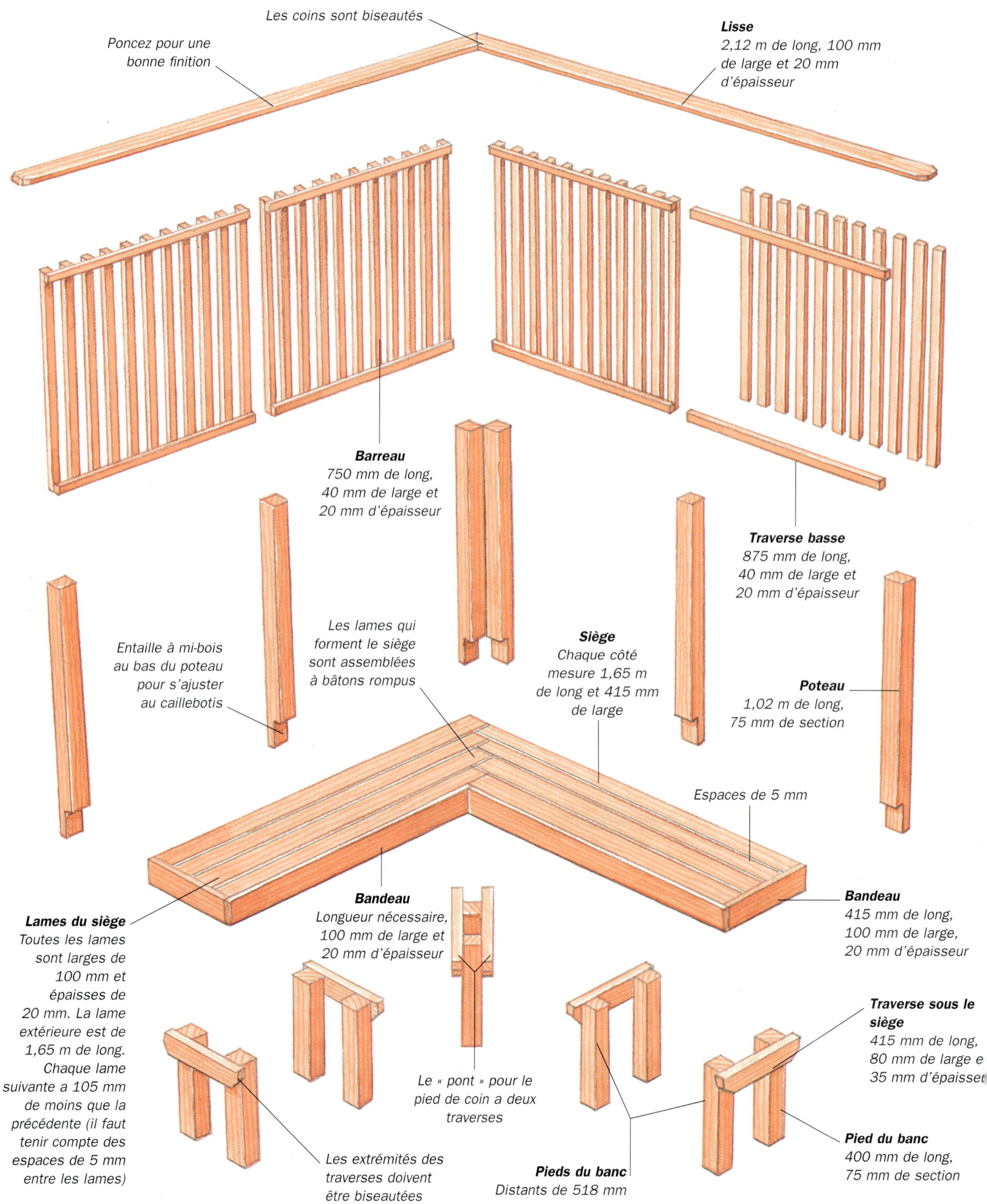

Construction du banc et de la balustrade

1 Couper les poteaux

Coupez les six poteaux sur lesquels seront fixés les montants de la balustrade, découpez des entailles à mi-bois à une des extrémités pour qu'ils s'encastrent sur la lambourde du cadre extérieur de la terrasse. Mettez les poteaux en place.

2 Fixer les poteaux et les rampes

Fixez les poteaux aux lambourdes de la terrasse avec des vis de 90 mm et des boulons de 150 mm. Vérifiez avec le niveau à bulles que les poteaux sont droits. Coupez les deux lisses, taillez les coins en biseau à 45° et fixez-les avec des vis de 90 mm au sommet des poteaux.

3 Construire les balustres

Fabriquez quatre panneaux avec les traverses et les balustres. Mettez-les en place entre les poteaux et vissez-les. Enfoncez les vis dans les lisses et au sommet des panneaux. Utilisez des vis de 90 mm.

4 Fabriquer les pieds du banc

Fabriquez les cinq « ponts » qui formeront les pieds du banc – quatre simples pour les côtés rectilignes et un à double sommet pour le coin du banc. Utilisez des vis de 90 mm.

5 Fixer les pieds du banc et le siège

Placez les pieds sur le caillebotis et fixez-les aux planches du siège avec des vis de 35 mm. Remarquez la façon dont, à l'angle, les planches sont coupées et assemblées à bâtons rompus.

6 Fabriquer un bandeau

Recouvrez les bords de face et de côté du banc avec un bandeau qui court à fleur de la surface du banc. Utilisez des vis de 35 mm. Enfin poncez le tout pour obtenir une belle finition.

Banc autour d'un arbre

★★★
Avancé

Temps utile
Un week-end
Un jour pour fabriquer les éléments du banc et un jour pour le monter autour de l'arbre

Enfant, j'aimais m'asseoir sur un vieux banc autour d'un pommier, dans le verger de mes grands-parents - le tronc du vieil arbre dans mon dos, une voûte de feuilles tachetée au-dessus de ma tête et l'herbe haute sous les pieds. Si vous avez un petit arbre qui convient ce siège s'imposera de lui-même en été quand vous viendrez vous détendre sous son ombre feuillue. Souvenez-vous de laisser de la place au tronc pour qu'il puisse grossir.

Étude du projet

La forme de base est un hexagone, composé d'éléments faciles à construire. Les différents éléments peuvent être construits dans un lieu approprié – un atelier ou un garage par exemple – et assemblés ensuite autour de l'arbre choisi.

Le siège est à 42 cm environ au-dessus du sol. Les pieds sont faits dans des poteaux de 50 mm de large et 32 mm d'épaisseur et chaque paire de pieds est réunie au sommet par des traverses. Ces unités sont à leur tour assemblées par des traverses, pour former l'hexagone que l'on voit sur le plan. L'ossature est recouverte d'un siège de 94 mm de large fait de planches rainurées, le bord du siège est agrémenté d'une frise décorative en vagues ou tablier.

Réalisation

Recherchez un arbre adéquat et voyez si le projet doit être modifié ou non en fonction des dimensions du tronc de l'arbre. Coupez tout le bois à la longueur, lissez les extrémités sciées avec la ponceuse et rangez-le prêt à servir. Sortez les deux établis à l'endroit où vous allez travailler et disposez vos outils pour vous mettre au travail.

Il vous faut

Outils

- Crayon, règle, mètre, équerre et papier calque
- Deux établis portables
- Scie égoïne
- Perceuse électrique sans fil
- Forets à la taille des vis
- Tourne vis à main cruciforme
- Scie sauteuse électrique et ponceuse électrique
- Paire de serre-joints

Fournitures

(Les dimensions des pièces de bois brut sont données découpe comprise. Tout le bois est traité en autoclave)

Pour un siège de 1,28 m de diamètre

- Pin brut : 2 barres de 3 m de long, par 50 x 32 mm (pieds)
- Pin brut : 2 lames de 3 m de long, par 75 x 20 mm (traverses hautes)
- Pin brut : 2 barres de 3 m de long, par 50 x 37 mm (traverses de ceinture)
- Pin raboté : 2 lames rainurées de 3 m de long, par 94 x 20 mm (frise décorative)
- Pin raboté : 3 lames rainurées de 3 m de long, par 94 x 20 mm d'épaisseur (planches du siège)
- Vis zinguées à tête fraisée et cruciforme : 200 de 5 x 55 mm

Dimensions hors tout et remarques générales

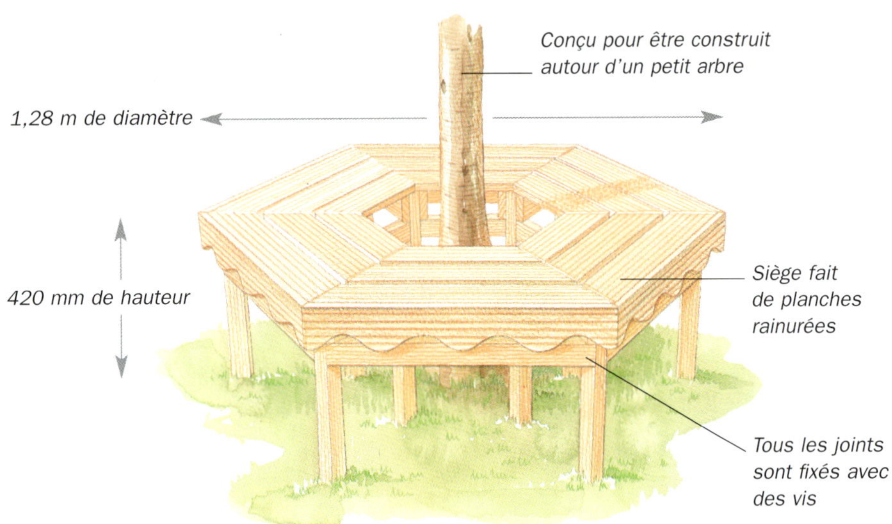

Voici un banc autour d'un arbre d'une facture classique. Il convient mieux à un terrain plat. Il peut aussi compléter la terrasse avec bac à sable de la page 76.

Vue éclatée du banc autour de l'arbre

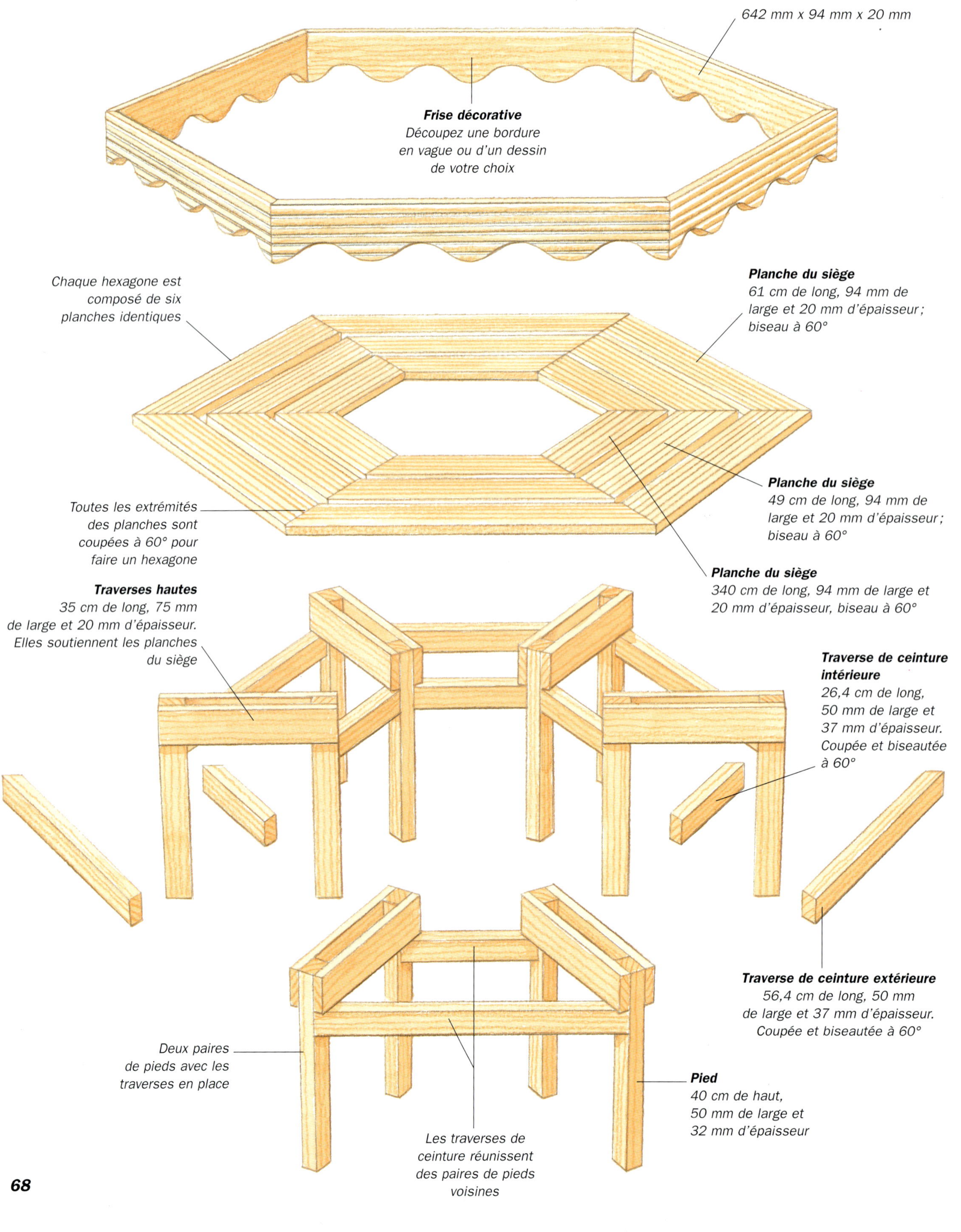

Construction du banc autour de l'arbre

1 Fabriquer les paires de pieds Placez en sandwich deux pieds entre des traverses hautes pour obtenir une structure de 40 cm de haut et 35 cm de large. Fixez aux pieds chaque extrémité des traverses avec deux vis. Construisez six éléments semblables.

2 Fixer les traverses de ceinture Lorsque vous avez les six paires de pieds prenez les traverses de ceinture intérieures et extérieures (toutes coupées et biseautées à 60°) et vissez ensemble les paires deux par deux. Vous obtenez trois éléments biseautés identiques.

3 Placez ces trois éléments identiques autour de l'arbre choisi, en les espaçant pour faire un hexagone. Vissez les traverses de ceinture restantes pour assembler les éléments voisins.

4 Ajuster le siège Prenez les planches du siège (trois longueurs différentes pour chacune des six parties) et vissez-les sur l'ossature. Veillez à ce que les extrémités des planches soient centrées sur les traverses hautes des paires de pieds.

5 Réaliser la frise décorative Tracez la ligne en forme de vague sur le papier calque, reportez-la en l'appuyant sur les planches de la frise de 94 mm de large. Découpez le tracé avec la scie sauteuse et utilisez la ponceuse pour limer les bouts sciés.

6 Finitions Enfin, posez la frise autour du siège en la maintenant avec un serre-joint et vissez-la de telle façon que le sommet affleure le dessus du siège.
Avec la ponceuse lissez tout le siège pour obtenir une surface polie.

Chaise Adirondack

Cette belle chaise tient son nom des Montagnes Adirondack dans l'État de New York où, au milieu du dix-neuvième siècle, des chaises de ce genre ont été fabriquées pour la première fois. Elle se caractérise par la forme effilée des planches de côté, l'enroulé du siège, le dossier en éventail et les bras larges et plats. Au départ ces chaises étaient faites avec des matériaux de récupération, caisses, bois de chantiers ou rebuts de scieries.

★★★
Avancé

Temps utile
Un week-end
Un jour pour la construction et un jour pour les finitions

Étude du projet

Nous avons modifié le principe de base de la chaise Adirondack en montant les bras sur les pieds avant et sur l'arrière du siège et en y ajoutant un axe de pivotement, entre les bras et les planches chantournées des côtés, pour pouvoir la plier. Elle n'utilise que du bois brut et ne demande qu'un minimum de découpe.

Réalisation

Notez sur les dessins les différentes longueurs et sections et voyez si vous avez du bois à la bonne taille. Rangez-le en quatre groupes: l'élément de base du siège, les bras et les pieds de devant, le dossier et le dessous du siège.

Dimensions hors tout et remarques générales

Cette chaise américaine traditionnelle est faite avec des planches de 20 mm d'épaisseur, en différentes largeurs: 150 mm, 100 mm, 70 mm et 35 mm.

Il vous faut

Outils

- Crayon, règle, mètre ruban, compas et équerre
- Deux établis portables
- Scie égoïne
- Scie sauteuse électrique
- Perceuse-visseuse cruciforme électrique sans fil avec embout cruciforme
- Forets de la taille des vis
- Ponceuse électrique
- Pinceau brosse

Fournitures

(Les dimensions des pièces de bois brut sont données découpe comprise. Tout le bois est traité en autoclave)

Pour une chaise de 85 cm de large et 85 cm de haut

- Pin brut: 2 planches de 2 m de long, par 150 x 20 mm (planches de côté et bras)
- Pin brut: 3 planches de 2 m de long, par 100 x 20 mm (pieds de devant, entretoises, barres d'arrêt)
- Pin brut: 6 planches de 2 m de long, par 70 x 20 mm (dossier, supports arrière, barre de support de l'éventail et planches larges du siège)
- Pin brut: 1 tasseau de 2 m de long, par 35 mm x 20 mm d'épaisseur (planches étroites du siège)
- Pin brut: 1 tasseau de 1 m de long, par 35 mm de section (barres de fixation sous le siège)
- Vis zinguées à tête fraisée et cruciforme: 100 de 4 x 35 mm, quelques-unes de 4 x 15 mm (en fonction du nombre de charnières), 2 de 6 x 100 (avec des rondelles)
- Charnières: 4 charnières en T (le type utilisé pour les portes) peintes, de 200 mm de long
- Peinture mate blanche pour maçonnerie extérieure
- Huile de lin

Vue éclatée de la chaise Adirondack

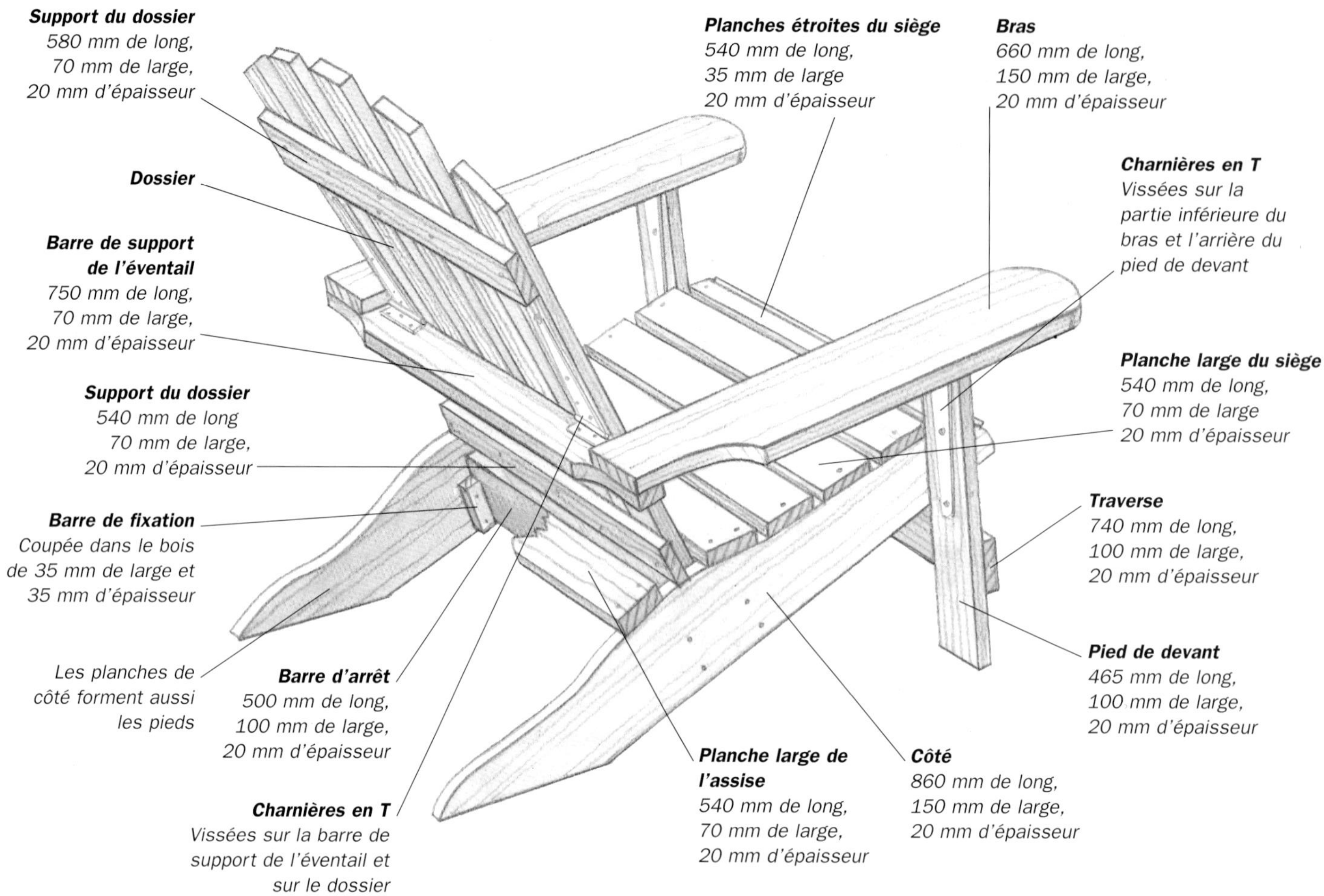

La chaise pliée

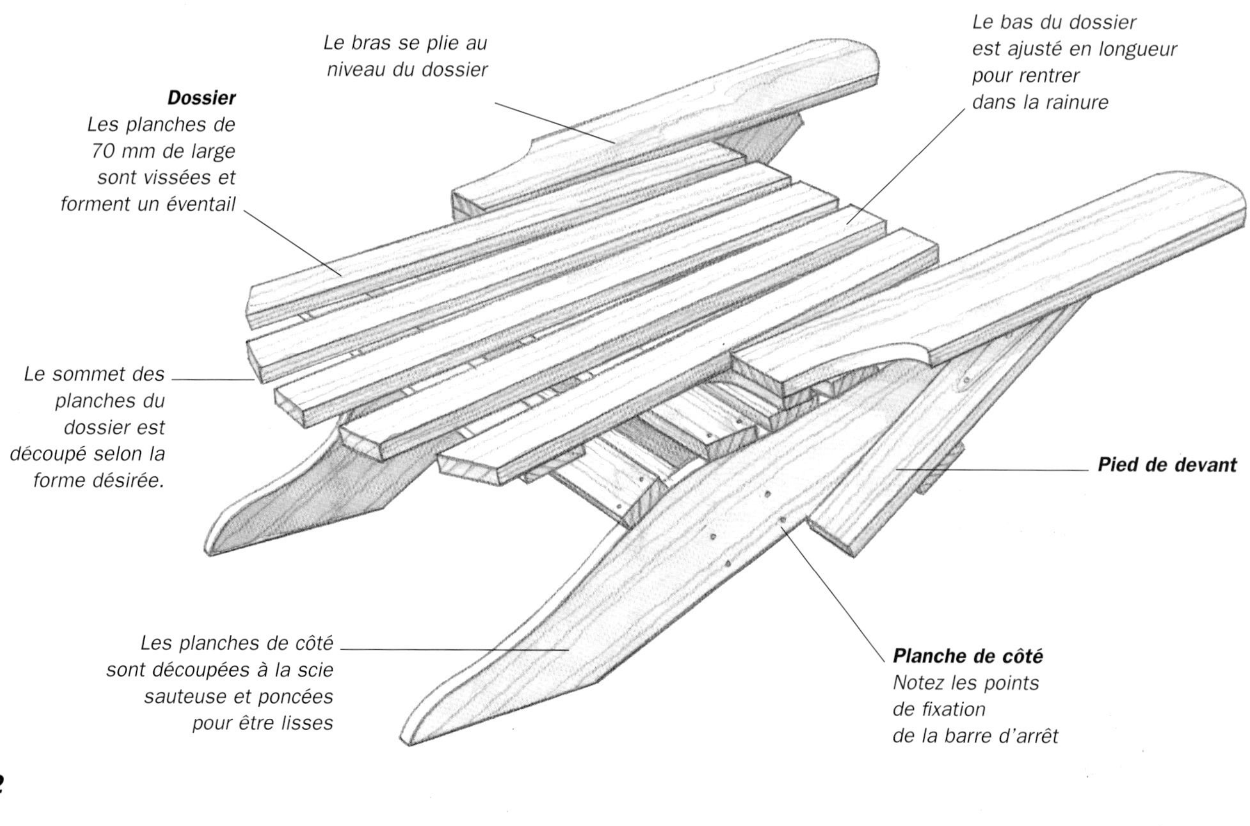

Les différents éléments de la chaise

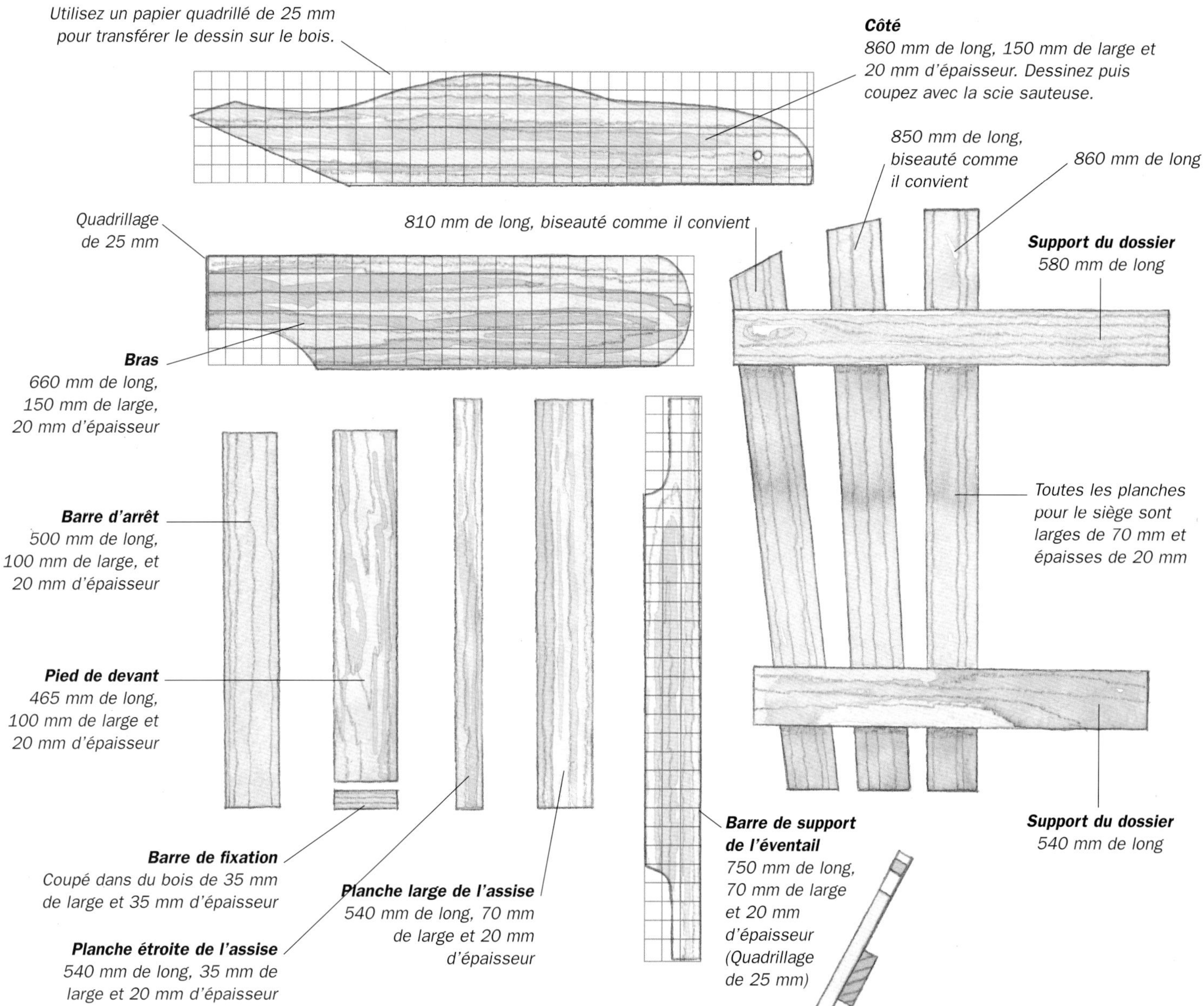

La chaise vue de côté

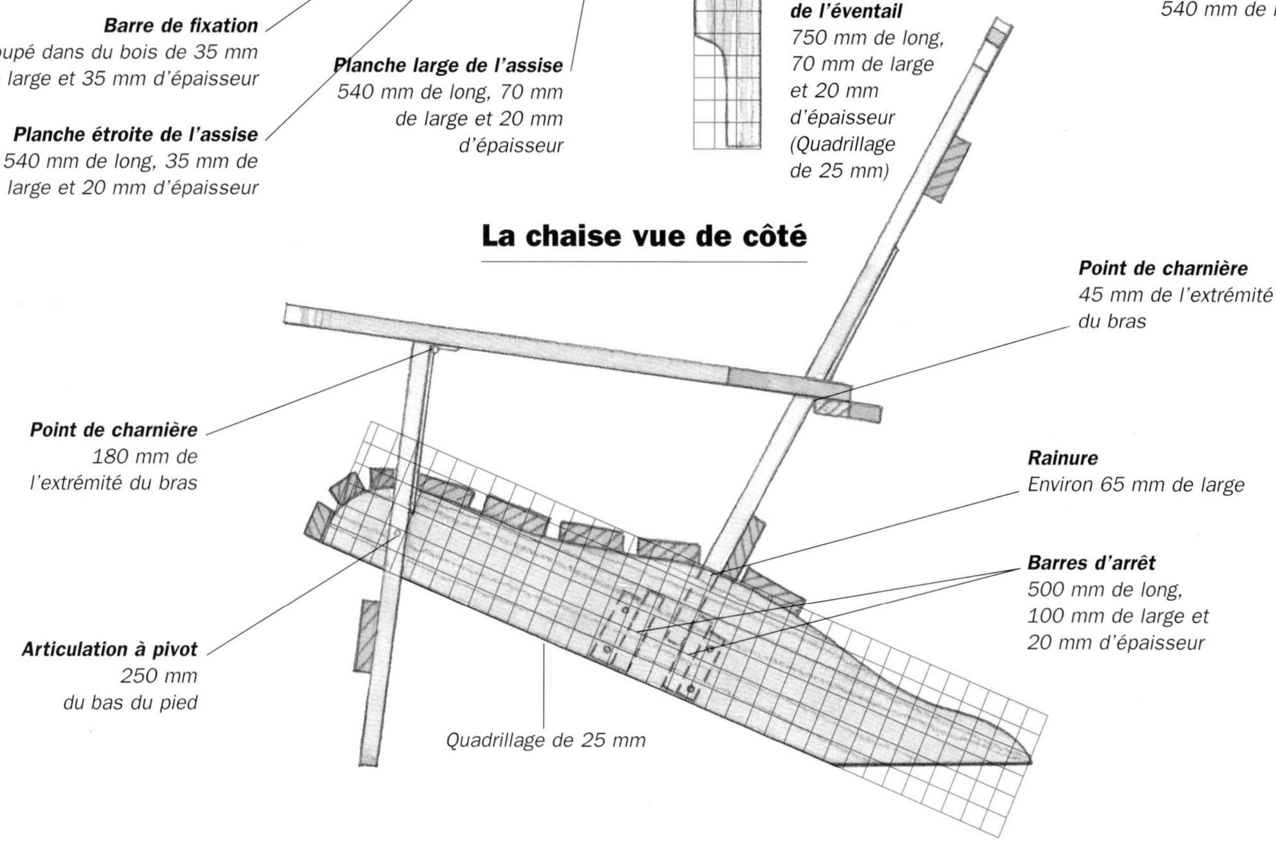

Fabrication de la chaise Adirondack

1 Couper les planches
Tracez les courbes sur les planches destinées aux bras, aux deux côtés, au dossier et à la barre de support de l'éventail qui, derrière le dossier, relie les extrémités des bras. Découpez ces formes avec la scie sauteuse.

2 Fabriquer le siège
Prenez trois planches étroites et quatre planches larges et fixez-les aux planches de côté avec des vis de 35 mm (une dernière planche large sera ajoutée plus tard). Les deux côtés doivent être parallèles et à angle droit avec le siège.

3 Fabriquer les pieds
Prenez les deux planches qui font les pieds de devant, reliez-les avec la traverse – pour former la structure en H caractéristique – et fixez-les à chaque intersection avec des vis de 35 mm.

4 Poser les charnières sur les bras
Placez les deux bras face à terre et reliez-les par les charnières à la structure en H. Notez la position de la traverse, devant les pieds.

5 Fixer le support de l'éventail
Vissez la barre de support de l'éventail aux extrémités arrière des deux bras, en vous assurant constamment que tous les éléments sont d'équerre les uns avec les autres.

6 Monter le siège sur le pivot

Faîtes un trou au foret à travers les planches de côté. Glissez les rondelles sur les vis de 100 mm et faîtes entrer les vis dans les trous et dans l'épaisseur des pieds de devant.

7 Faire la rainure

Posez la chaise de façon que l'assisse soit face à vous et fixez les huit planches du siège avec des vis de 35 mm. Laissez un espace de 65 mm entre la huitième planche et la précédente pour faire une rainure pour le dossier du siège.

8 Fixer les barres d'arrêt

Retournez la chaise, fixez les deux barres d'arrêt (qui maintiennent le dossier dans la rainure) avec des vis de 35 mm et les barres de fixation de la partie inférieure. Vissez les barres de fixation d'abord sur les barres d'arrêt puis sur les planches de côté.

9 Faire le dossier

Prenez les cinq planches du dossier et placez-les face contre terre, disposez-les en éventail. La largeur de l'éventail à la base de la barre de support inférieure ne doit pas excéder 50 cm. Fixez les supports du dossier avec des vis de 35 mm.

10 Fixer le dossier

Glissez le dossier dans la rainure, relevez les bras, posez les charnières sur le dossier et la barre de support de l'éventail avec des vis de 15 mm. Peignez la chaise, laissez-la sécher, frottez les arêtes pour la « vieillir » et passez une couche d'huile de lin.

Terrasse avec bac à sable

Imaginez... le soleil brille, vous vous détendez allongé sur une terrasse de bois, une légère voûte de feuilles au-dessus de la tête, à vos côtés un enfant joue joyeusement dans un bac à sable. Si vous retenez ce projet cette scène peut devenir réalité en un week-end de travail. La structure mesure 2,90 m de long sur 2 m de large, mais rien ne vous empêche de la faire plus grande ou plus petite selon la taille de votre jardin.

★★★
Avancé

Temps utile
Un week-end
Un jour pour l'ossature, un jour pour fixer les planches et pour les finitions

Étude du projet

Des trous sont ménagés pour accueillir le bac à sable et l'arbre. Les lames sont légèrement en retrait autour du bac à sable formant ainsi entre la surface du plancher et le sommet de la lambourde un espace pour le couvercle qui protège le bac à sable des animaux. Les enfants vont se traîner sur le plancher, vous devez donc vous assurer que le bois traité a été verni.

Réalisation

Observez votre site et choisissez une surface plane avec un arbre. Mesurez la circonférence de l'arbre et déterminez l'emplacement du bac à sable. Choisissez votre bois avec soin et veillez à ce qu'il soit sans nœuds lâches ni fentes.

Dimensions hors tout et remarques générales

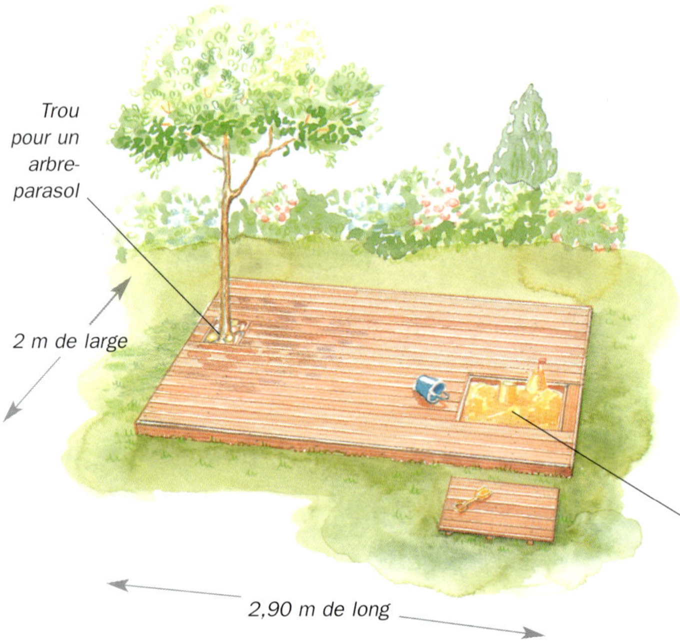

La terrasse est faite de planches (100 mm de large et 20 mm d'épaisseur) posées sur des lambourdes (100 mm de section). Les lambourdes sont distantes de 400 mm d'axe à axe.

Il vous faut

Outils

- Crayon, règle, mètre et équerre
- Chevilles et ficelle
- Deux établis portables
- Scie égoïne
- Perceuse-visseuse électrique sans fil à pointe cruciforme
- Forets de la taille des vis
- Marteau-arrache clous
- Ponceuse électrique
- Pinceau brosse

Fournitures

(Les dimensions des pièces de bois brut sont toutes données découpe comprise. Tout le bois est traité en autoclave)

Pour un patio de 2,90 x 2 m :

- Pin brut : 8 poteaux de 2 m de long, de section de 100 mm (lambourdes)
- Pin brut : 22 lames de 3 m de long, par 100 x 20 mm (lames, cadres et bandeaux)
- Pin brut : 1 tasseau de 2 m de long, par 40 x 20 mm d'épaisseur (tasseaux du couvercle du bac à sable)
- Bâche de plastique tissé : 3 m de long et 2 m de large (à poser sous la terrasse)
- Clous : 1 kg de 125 mm x 5,6 mm
- Vis zinguées à tête fraisée et cruciforme : 300 de 4 x 50 mm, 50 de 4 x 35 mm
- Vernis mat pour bois
- Sable fin : 50 kg de sable fin et lavé.

Vue éclatée de la terrasse avec bac à sable

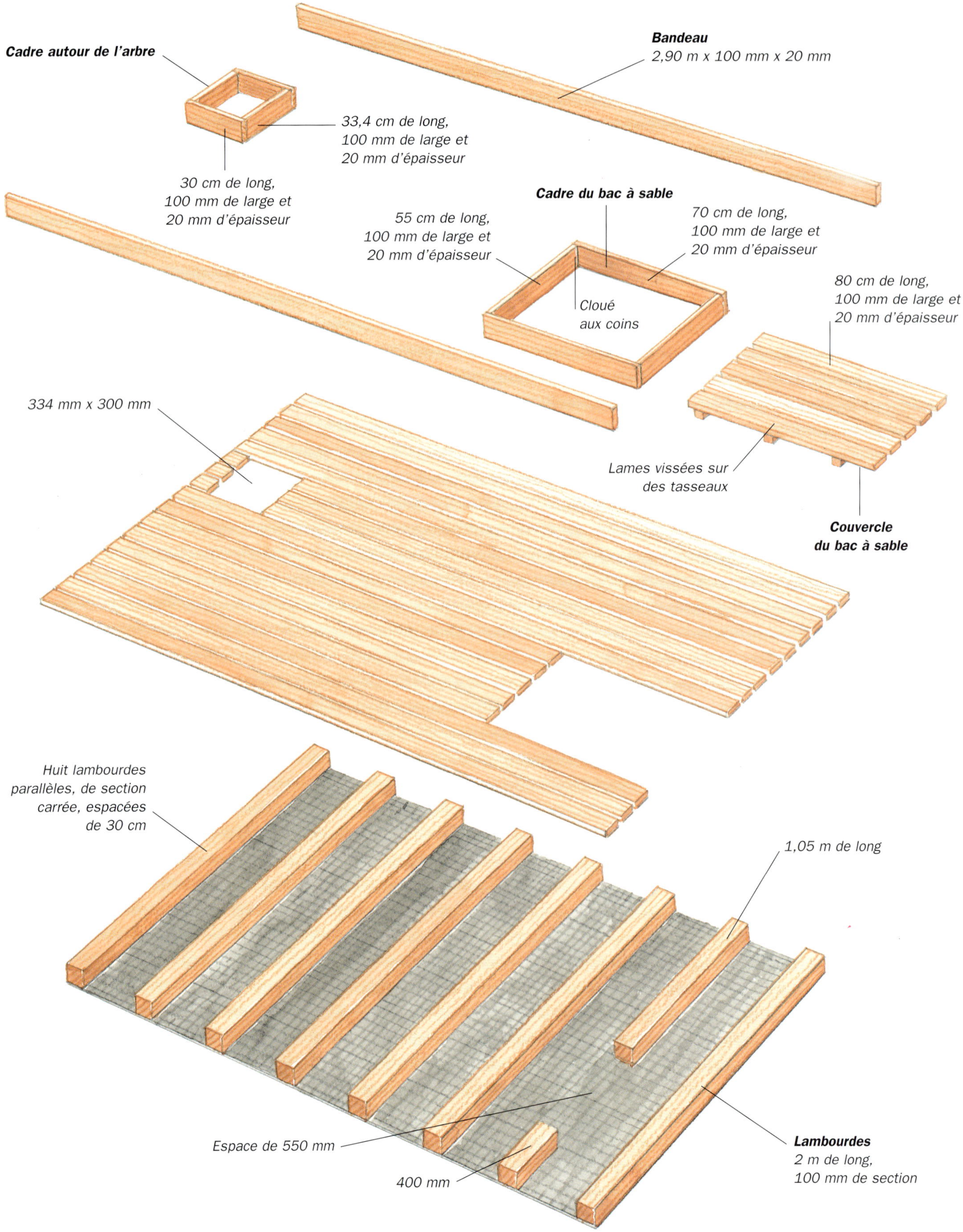

Vue éclatée de la terrasse avec bac à sable

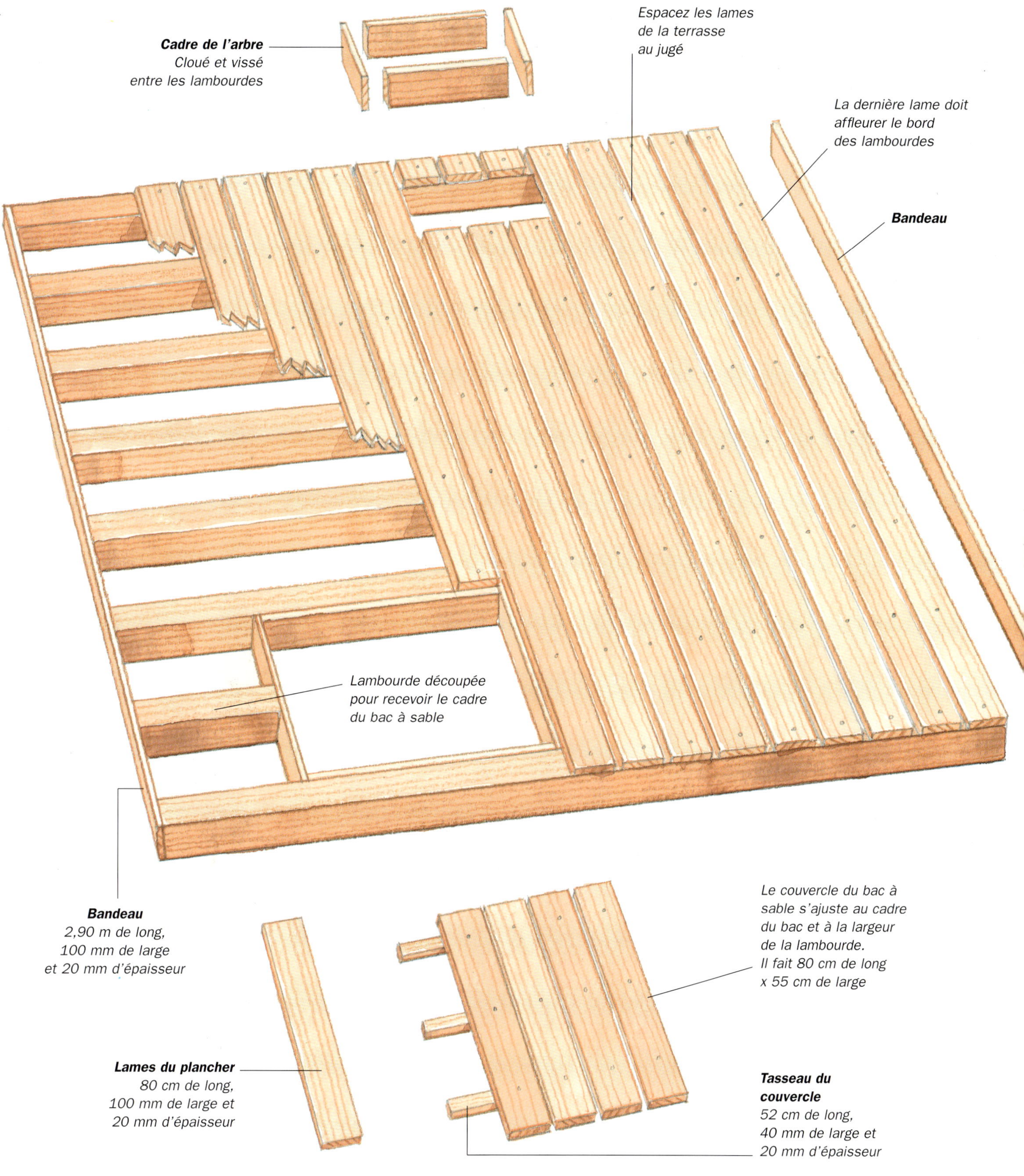

Construction de la terrasse avec bac à sable

1 Couper les lambourdes
Coupez les lambourdes, en tenant compte de la partie bac à sable, et placez-les sur le site avec deux lames, pour vous donner une idée du projet terminé. Décidez de l'endroit exact où elles devront être par rapport à l'arbre.

2 Fixer les lambourdes
Recouvrez tout le site avec la feuille de plastique tissé, en laissant un trou pour l'arbre. Mettez les lambourdes en place, perpendiculaires au plastique et parallèles entre elles. Fixez-les avec une lame de chaque côté, en utilisant une vis à chaque intersection.

3 Mettre la structure d'équerre
Pour que le cadre soit bien d'équerre, mesurez les diagonales, faîtes les ajustements nécessaires pour qu'elles soient égales. Mettez une deuxième vis à chaque coin.

4 Fabriquer les cadres
Construisez deux cadres - un pour entourer l'arbre et un autre pour le bac à sable. Clouez et vissez les cadres en place entre les lambourdes.

5 Fixer les lames

Coupez et ajustez toutes les lames qui font la longueur totale de la terrasse. Vissez-les sur les lambourdes.
Elles doivent affleurer les côtés des deux cadres. Laissez un espace de 550 mm entre les planches pour le bac à sable et un autre de 334 mm pour l'arbre.

6 Terminer le plancher

Coupez et ajustez toutes les autres lames, plus courtes, en les espaçant comme précédemment. Elles sont en retrait autour du bac à sable, pour former un creux pour le couvercle, et à fleur du cadre de l'arbre. Coupez les lames du couvercle.

7 Fixer les bandeaux

Fixez les bandeaux le long des deux grands côtés de la terrasse, pour recouvrir les extrémités des lambourdes. Les bords des bandeaux doivent affleurer la surface du plancher.

8 Construire le couvercle du bac à sable

Fixez les lames du couvercle du bac à sable sur les trois tasseaux, avec un espacement correspondant à celui des autres lames. Poncez la structure, passez deux ou trois couches de vernis mat sur toutes les surfaces et remplissez le bac à sable.

Plateformes pour jardin en pente

★★★
Avancé

Temps utile
Un long weekend
Un jour pour les structures, un jour pour fixer les poteaux et pour les finitions

Ce projet a été spécialement conçu pour être construit sur un terrain en pente douce. Il suffit de couper les poteaux à la longueur déterminée par la pente puis de les boulonner à la plateforme et les mettre dans du béton. Cette structure s'adapte à toutes les situations. Le projet se compose de trois plateformes de base : une posée au niveau du sol, une autre placée plus haut sur la pente et une mini plateforme qui sert de marche.

Étude du projet

Les lambourdes sont raboutées et vissées aux coins puis boulonnées sur les poteaux. La plateforme supérieure est à 45° par rapport à la plus basse. Les trois éléments sont construits comme des éléments séparés, ce qui permet de les adapter à la pente et à la configuration du jardin.

Réalisation

Déterminez la position respective des plateformes. Si vous avez du mal à l'imaginer construisez la plateforme inférieure, placez-la puis construisez la plateforme supérieure et bougez-la jusqu'à ce qu'elle trouve sa place.

Dimensions hors tout et remarques générales

Ce projet est idéal si l'on veut que les plateformes recouvrent des bosses, des roches ou d'anciennes fondations.

Il vous faut

Outils

- Crayon, règle, mètre et équerre
- Deux établis portables
- Scie égoïne
- Perceuse visseuse électrique sans fil à embout cruciforme
- Forets de la taille des vis et des boulons
- Bêche
- Clé pour serrer les boulons
- Brouette
- Seau
- Pelle et truelle de maçon
- Niveau à bulles
- Masse
- Ponceuse électrique

Fournitures

(Les dimensions des pièces de bois brut sont données découpe comprise. Tout le bois est traité en autoclave)

Pour deux plates-formes de 2,80 mm x 1,87 m et de 2 m de côté

- Pin brut : 5 poteaux de 2 m de long et 75 mm de section (poteaux)
- Pin brut : Chevrons de 85 x 40 mm : 22 de 2 m de long ; 2 de 3 m de long, (lambourdes, cadres et entretoises)
- Pin brut : 34 lames de 3 m de long, par 100 x 20 mm (plancher)
- Pin brut : 2 tasseaux de 3m de long, par 35 x 20 mm (baguettes provisoires)
- Vis zinguées à tête fraisée et cruciforme : 300 de 4 x 40 mm, 100 de 6 x 90 mm
- Boulons galvanisés avec rondelles et écrous : 30 de 150 mm
- Béton : 1 part de ciment (50 kg), 2 parts de sable grossier (100 kg), 3 parts de graviers (150 kg)

Vue éclatée des plateformes pour jardin en pente

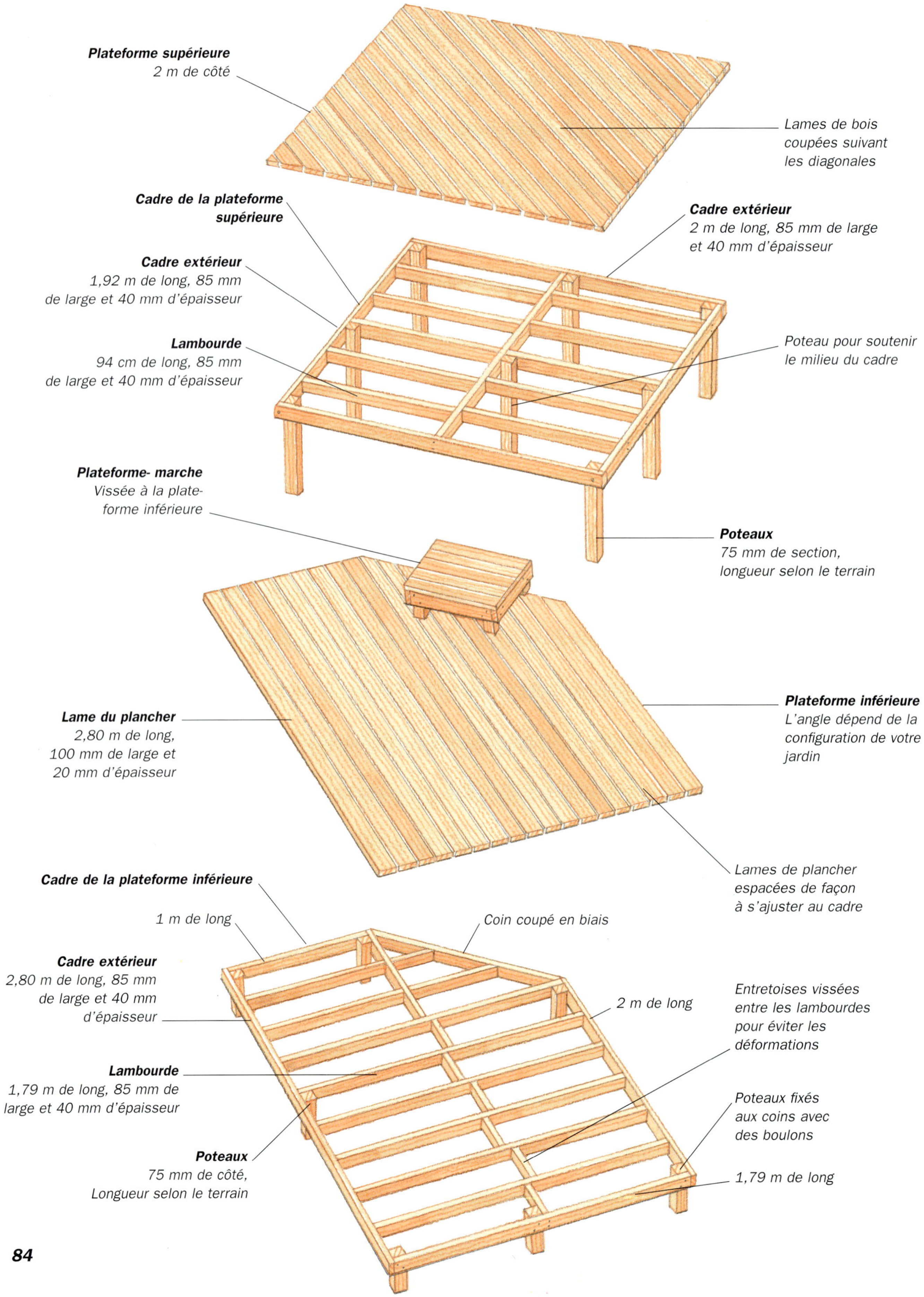

Vue en plan des plateformes pour jardin pentu

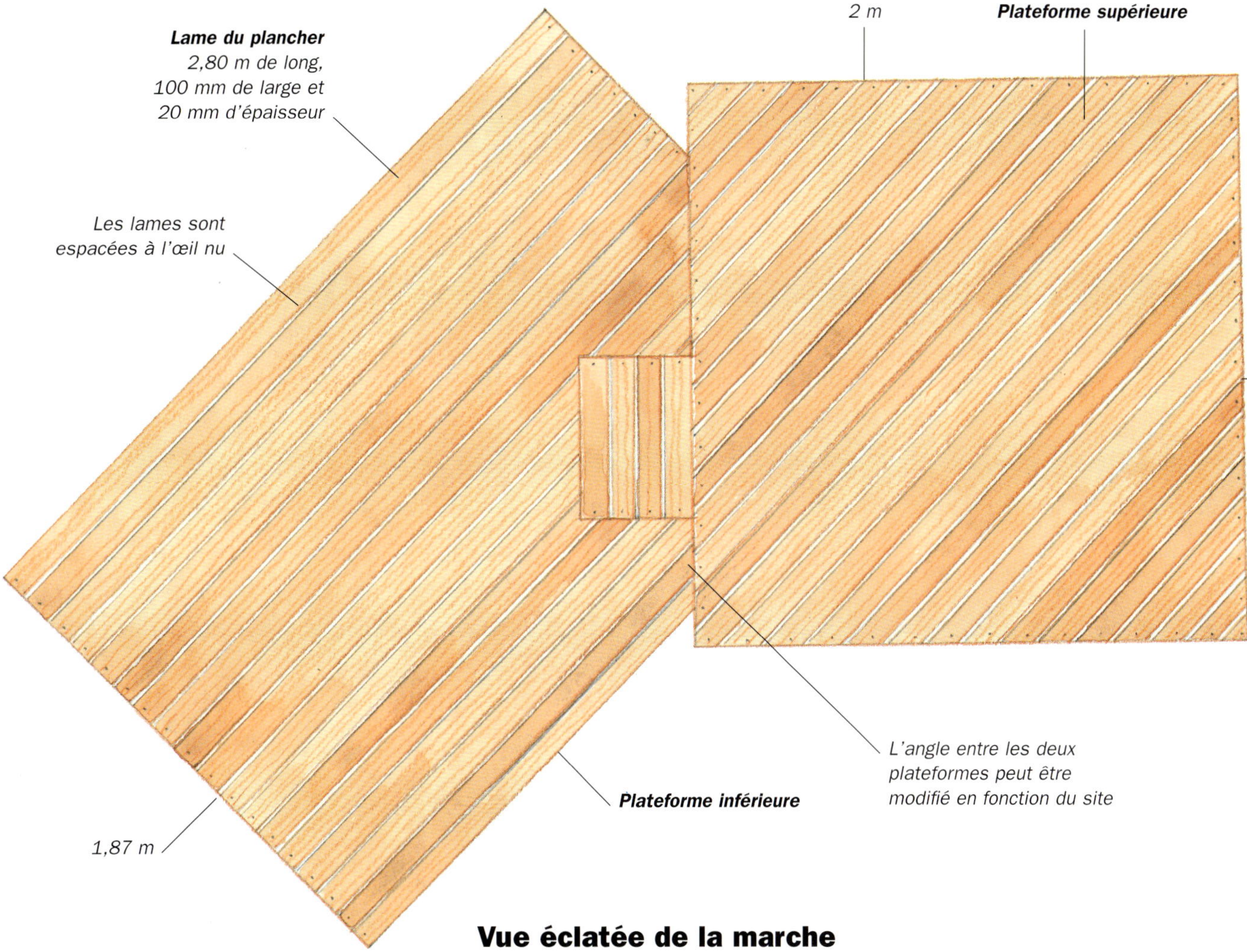

Vue éclatée de la marche

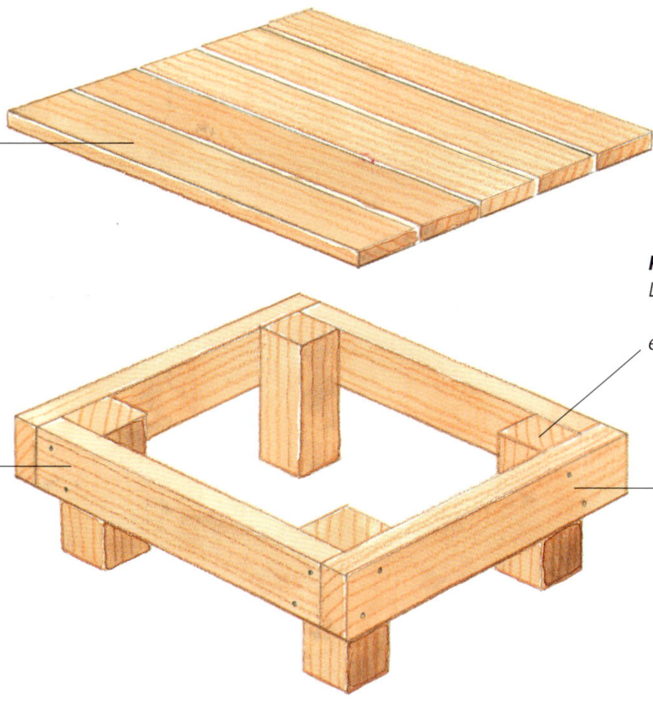

Construction des plateformes pour jardin en pente

1 Faire le plan

Positionnez les lambourdes sur le sol selon le plan général. Calculez les dimensions précises de la plate-forme inférieure et la place des trous pour les poteaux.

2 Cadre de la plateforme inférieure

Coupez le bois pour le cadre extérieur, assemblez-le et fixez-le avec des vis de 90 mm. Coupez la diagonale qui servira à vérifier si le cadre est d'équerre. Ajustez. Avec des vis de 40 mm fixez les baguettes provisoires en diagonale pour maintenir le cadre d'équerre.

3 Assembler les lambourdes

Coupez les lambourdes et placez-les à l'intérieur du cadre extérieur de telle façon qu'elles soient espacées de 300 mm d'axe à axe. Fixez chaque point de jonction avec deux vis de 90 mm.

4 Creuser les trous des poteaux

Placez le cadre sur le sol et déterminez la place des poteaux à l'intérieur du cadre. Creusez un trou de 30 cm de profondeur pour chaque poteau. Mettez les poteaux en place et coupez-les à la hauteur du bord supérieur du cadre.

5 Fixer les poteaux

Boulonnez les poteaux sur le cadre, le sommet des poteaux étant au même niveau que le sommet du cadre. Procédez de la même manière pour faire la plateforme supérieure et mettez-la en place.

6 Vérifier les niveaux
Vérifiez chaque cadre avec le niveau à bulles pour être sûr qu'il est horizontal et effectuez tous les petits ajustements nécessaires soit avec la masse en tapant sur les poteaux soit en rabotant un peu les cadres.

7 Bétonner les poteaux
Mettez les deux cadres dans les trous des poteaux. Coulez du béton compact autour des poteaux, en remplissant les trous presque jusqu'au sol. Avec la truelle lissez le béton au niveau du sol et façonnez-le de telle manière que l'eau de pluie soit écartée des poteaux.

8 Fixer le plancher
Vissez les lames de plancher à 45° sur le cadre de la plateforme supérieure avec des vis de 40 mm. Coupez les extrémités avec la scie égoïne pour que le bord soit parallèle au cadre. Fixez les lames de plancher sur la plateforme inférieure.

9 Construire la marche
Procéder de la même manière – étapes 1 à 8 – pour construire la plateforme-marche (à modifier selon votre modèle). Vissez-la à la plateforme inférieure avec des vis de 90 mm, en enfonçant les vis en biais à travers les pieds. Enfin, poncez le tout pour une bonne finition.

Ponton sur l'eau

★★★
Avancé

Temps utile
Deux week-ends
Un week-end pour la structure de base, un autre pour les balustres et les détails

Un ponton surélevé est merveilleux dans un jardin qui donne sur une étendue d'eau. Contempler de haut un lac, une rivière ou la mer a quelque chose de magique. Ce projet prend du temps et tient du challenge mais sa conception est simple à comprendre. Le travail se fait dans l'ordre suivant : mettre les poteaux dans le béton, ensuite boulonner un cadre aux poteaux pour fixer le niveau du ponton puis remplir le cadre avec les lambourdes.

Étude du projet

Poser les lames sur les lambourdes, couper les poteaux qui déterminent le niveau de la rambarde, faire les balustres.

Réalisation

Sur dix poteaux six sont dans le sol mais cela peut varier en fonction du site : étudiez le vôtre, décidez de l'emplacement du ponton et voyez combien de poteaux doivent être mis dans le béton.

Dimensions et remarques générales

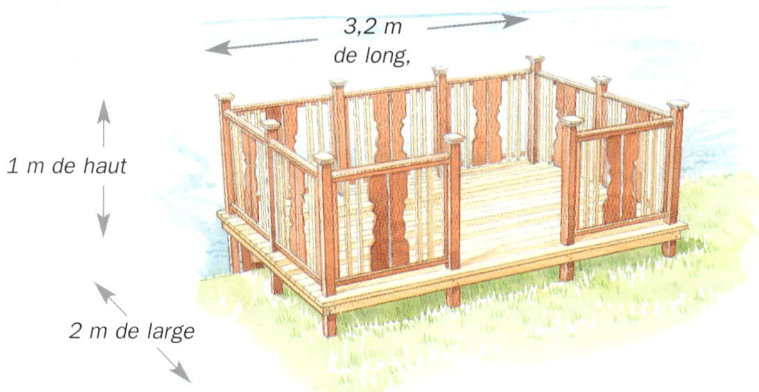

Ce ponton est conçu pour être construit au bord d'une rivière ou au-dessus d'une mare. Vous pouvez modifier la place des panneaux de la balustrade – l'entrée peut être déplacée.

Il vous faut

Outils

(Attention. Comme vous travaillerez près de l'eau les outils électriques doivent être munis d'un disjoncteur)

- Crayon, règle, mètre ruban et équerre
- Deux établis portables
- Scie égoïne
- Bêche et pelle
- Clé adaptée aux écrous
- Masse
- Niveau à bulles
- Forets à la taille des vis et des boulons
- Brouette, seau et truelle
- Scie sauteuse électrique
- Paire de serre-joints
- Ponceuse électrique

Fournitures

(Les dimensions des pièces de bois brut sont données découpe comprise. Tout le bois est traité en autoclave)

Pour un ponton surélevé de 3,2 m de long, 2 m de large et 1 m de haut

- Pin brut : 14 poteaux de 3 m de long, 75 mm de section (dix poteaux principaux et intermédiaires, tasseaux, traverses)
- Pin brut : 15 chevrons de 3 m de long, par 87 x 40 mm (lambourdes, entretoises, baguettes provisoires)
- Pin raboté : 27 lames rainurées de 3 m de long, par 120 x 30 mm (plancher et marches)
- Pin brut : 15 barres de 3 m de long, par 50 x 30 mm (traverses de la balustrade et baguettes de fixation)
- Pin brut : 4 barres de 3 m de long, par 60 x 30 mm (lisse)
- Pin brut : 15 barreaux de 2 m de long, par 40 x 20 mm (balustres minces ou barreaux verticaux)
- Pin brut : 12 lames de 3 m de long, par 150 x 20 mm (larges balustres chantournées et têtes de poteaux)
- Boulons zingués avec des rondelles et des écrous : 36 de 120 mm, 16 de 180 mm
- Vis zinguées à tête fraisée et cruciforme : 400 de 6 x 90 mm, 400 de 5 x 75 mm
- Béton : 1 part de ciment (50 kg), 2 parts de sable grossier (100 kg) et 3 parts de graviers (150 kg)
- Graviers : un seau par poteau

Vue éclatée du ponton sur l'eau

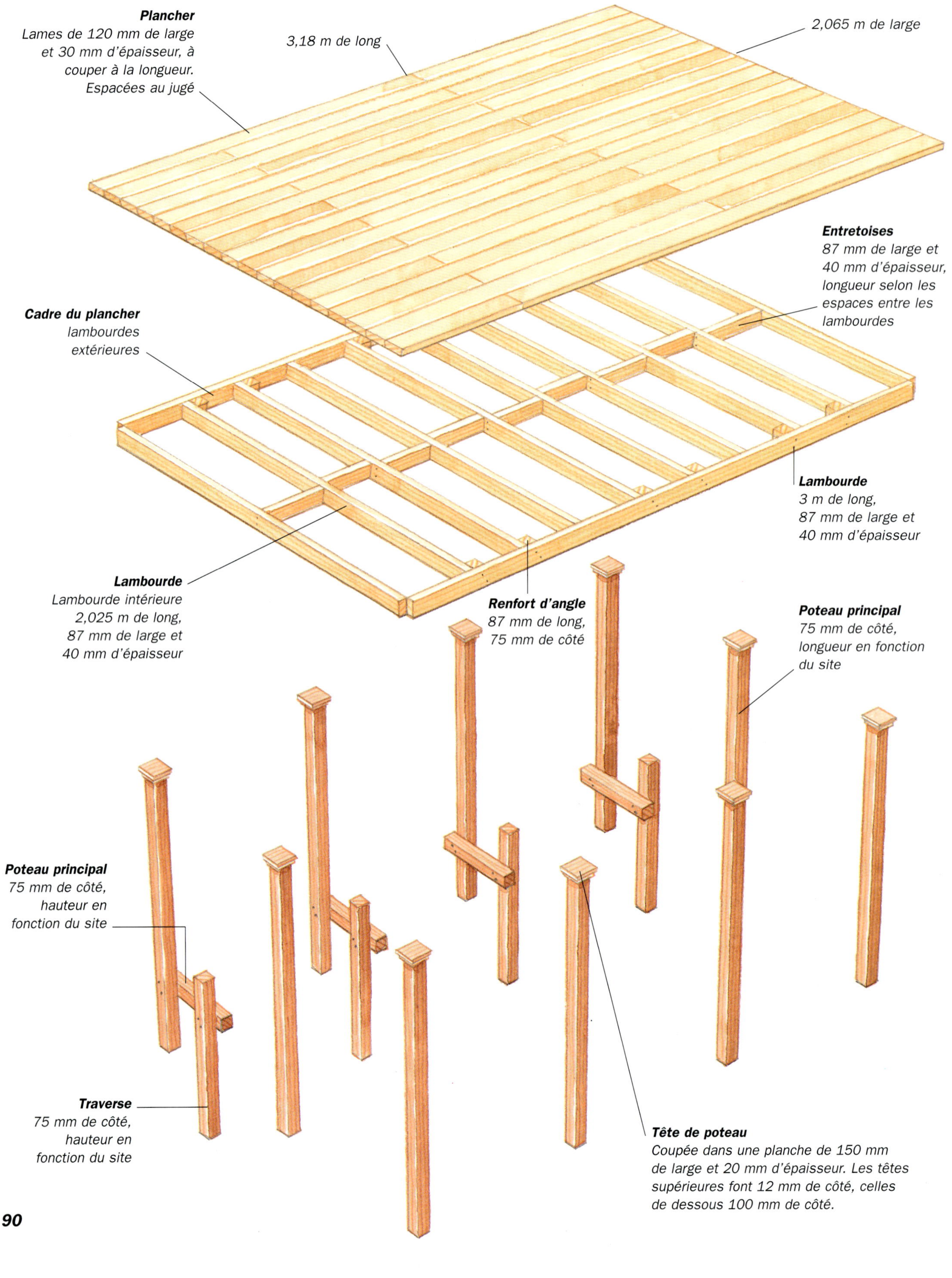

Vue de face du ponton (vu de l'eau)

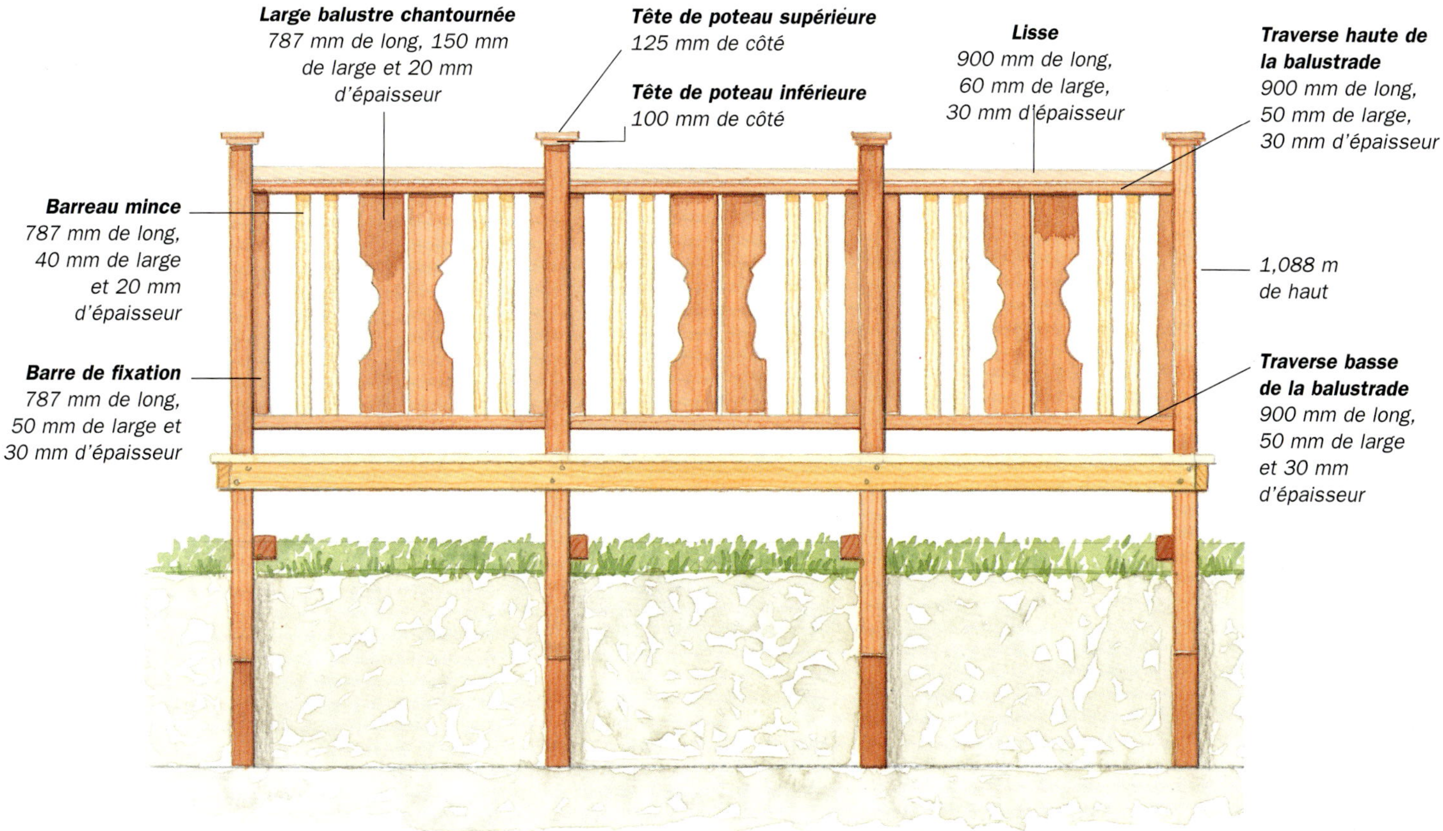

Vue de côté du ponton

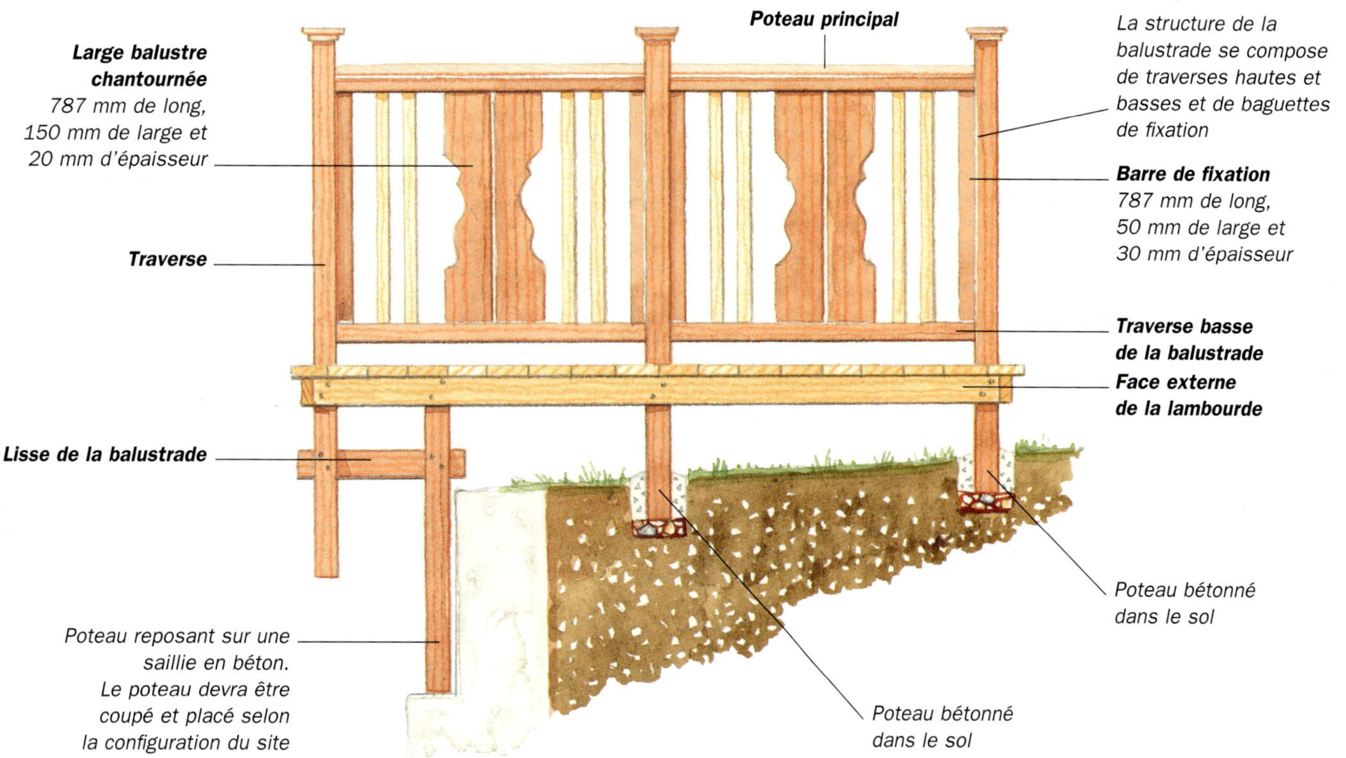

Construction du ponton sur l'eau

1 Creuser les trous des poteaux
Creusez des trous de 30 cm de profondeur pour les poteaux qui le nécessitent. Placez les poteaux. Pour former l'ossature fixez avec des boulons, sans serrer, les lambourdes extérieures (cadre du plancher) aux poteaux.

2 Mettre à niveau
Avec le niveau à bulles vérifiez que le cadre est horizontal. Ajustez la hauteur des poteaux si besoin en les plaçant sur des graviers (tassez avec la masse.) Avec la clé serrez maintenant fortement les boulons qui maintiennent les lambourdes aux poteaux.

3 Bétonner les poteaux
Fixez les lambourdes intérieures sur le cadre avec des vis de 90 mm, complétez avec les entretoises et les renforts d'angles. Vérifiez que toute la structure est d'équerre. Faîtes un béton bien compact et coulez-le dans les trous autour des poteaux. Lissez avec la truelle.

4 Ajuster les poteaux intermédiaires
Boulonnez les poteaux intermédiaires, les barres de renfort et les traverses. Sciez les poteaux intermédiaires au niveau des lambourdes. Maintenez d'équerre les poteaux principaux par une baguette en diagonale vissée à leur sommet.

5 Fixer le plancher

Fixez les lames du plancher sur le cadre des lambourdes avec des vis de 75 mm ; en veillant à laisser un espace entre les lames. Coupez et fixez les principales lames de façon à créer un rebord visible en approchant du côté du jardin.

6 Découper les balustres larges

Dessinez le motif décoratif sur les planches de 150 mm de large et découpez-le à la scie sauteuse. Poncez les bords sciés pour les rendre lisses.

7 Fabriquer les panneaux de la balustrade

Positionnez les panneaux de la balustrade sur le sol, complétés avec les barres de fixation, les traverses hautes et basses, la lisse, les barreaux minces et les larges balustres chantournées. Fixez le tout avec des vis de 75 mm.

8 Finitions

Serrez les panneaux de la balustrade entre les poteaux et fixez-les avec des vis de 90 mm. Coupez et fixez les têtes – supérieures et inférieures - au sommet des poteaux avec des vis de 75 mm. Passez toute la structure à la ponceuse.

Notes personnelles

Notes personnelles

L'édition originale de ce livre est parue
en anglais sous le titre :
« Deck & Decking »
par Allan & Gill Bridgewater

Édition française :
ISBN 2-84138-222-2

8 rue Blanche 75009 Paris
Tél. 01 48 05 03 03
Fax. 01 48 05 02 04
Internet : www.editions-ulmer.fr
Traduction : Dominique Brochet
Composition : I.P.G., Juigné-sur-Sarthe
Dépôt légal : 1er trimestre 2004
Printed and bound
in Malaysia by Times Offset (M) Sdn. Bhd.

N° d'édition : 222-03